慢 富

慢慢成為富一代，**快快**過上自由生活

GET RICH SLOWLY

GEORGE & DEWI 慢活夫妻

推薦序 ——— 打破既有認知，
Foreword 是改變財務狀態的第一步

剛開始學投資時，你期待的投資年化報酬率是多少呢？多年前曾和一位長輩聊天，長輩的身價很高，國際商務與投資經驗豐富，他問了我這個問題。

當時我回答：「5％～8％我就很滿意了。」這數字相信比大多數人預期得低，畢竟剛開始學投資時，常聽到股市長期年化報酬率接近10％、巴菲特接近20％，而牛市時期也會聽到身邊的人動輒30％～100％。但對我而言，風險管理遠比報酬更重要，我也不需要很高的報酬才能達成自己的財務目標。

然而長輩的回答讓我非常意外，他說：「3％～5％的報酬率就非常滿意了。」理由其實和我一樣，比起報酬，他更關注風險，但他對風險控制有更高的要求。按照當時的利率環境，這個報酬數字僅僅比美國公債再略高一點。

　　　　　　　　　慢富：慢慢成為富一代，快快過上自由生活

「這個報酬要求會不會太低了？」這是當時我內心的疑問。多年後，我陸續從幾位高資產長輩和友人聽到類似答案才逐漸明白。理由其實很簡單，如果他們身價動輒上億甚至數十億，即使只多承擔10%的波動風險，數字也非常驚人。此後，我對風險與報酬有了完全不一樣的認知。

追求高報酬、快速獲利，是大多數人對投資理財的既定印象，而這個認知，卻也是造成許多人投資失利的主因。對財務與金錢的認知會影響人生中的選擇，而選擇會進一步影響行動，最終造就了自己的財務現況。想改變財務現況、讓自己有所提升，真正需要的並不是華麗高超的投資技巧，而是先從最根本的認知開始改變。

《慢富》這本書從財務與金錢觀開始談起，對許多傳統既定印象提出質疑：一定要買房嗎？婚宴一定要花大錢辦得很盛大嗎？信用卡很邪惡嗎？投資只有臺股嗎？許多問題並沒有標準答案，但如果你發現這些想法和自己的認知有衝突，那麼恭喜你，也許你正踏在改變認知的路上。

Mr.Market 市場先生 財經作家 www.rich01.com

我在小學畢業之前家境小康，基本上只要不亂花錢，生活大致衣食無缺。沒想到進入大學之後，父親經營的工廠倒閉，家裡的房子被銀行拍賣，財務壓力不僅直撲父親而來，也把我捲入漩渦裡。我在每個寒暑假大量接家教、當電腦班講師，積極求生。當時，我深深感到財務知識的可貴，但學校完全沒教我們個人財務規畫與實際做法，也不能繼承爸媽那一輩的財商，畢竟沿用 30 年前的過期攻略在今天「打怪」，不可能過關（我爸也沒過關啊）。

在我 20 至 30 歲時期，財商相關書籍非常少，印象中只有《富爸爸，窮爸爸》。20 多年後，相關著作選擇愈來愈繁多，但多半屬於國外翻譯書，總是少了接地氣之感（尤其在稅法及退休金制度上，臺灣和國外不同）。後來漸漸有本土作家的財商著作問世，然而大多書籍的重點放在「投資」，對於開源節流的實際經驗分享較少；有些屬於 40、

50 歲世代寫給 20、30 歲世代參考的，儘管頗具智慧與價值，但不同世代的價值觀仍有些許落差。

直到我看到您手上這本由慢活夫妻所寫的著作，正是 30 歲的他們為剛出社會的新鮮人、小資族所寫，完全無代溝，而且涵蓋了開源、節流、投資，三者兼備的經驗分享。

我很佩服慢活夫妻勇於拋棄繼承上一輩的財商知識，攜手開闢自己的一條路，而這本書就是他們築夢踏實走過每一步的痕跡，也是他們親自試驗後獲得實戰經驗的累積。或許這不是一本財商領域最具代表性的著作，但卻是 20 到 30 歲年輕人很值得參考的選擇。誠摯推薦給每一位年輕人，至少翻閱看看，若裡面所談的價值觀也是自己心之所向，就很值得買回家，當作生活中可實際運用的攻略本。

在財務的世界裡，沒有最好，只有適不適合。期待您也能像慢活夫妻一樣，建立最適合自己的財務藍圖，創造屬於自己的美好人生。願幸福與您同在！

愛瑞克《內在原力》系列作者／TMBA 共同創辦人

曾看過一間豆花店明明是新開幕，卻在招牌上寫著「祖傳三代」。等等！這不是在唬爛消費者嗎？別急，祖傳三代後面還多寫了一句話：「目前第一代！」

我不知道你的感想如何，是覺得文案很有哏？老闆很幽默？還是……？但我看到時，一陣熱血沸騰！因為比起繼承家業，白手起家，立志成為富一代的人生，不是更值得挑戰嗎？

慢活夫妻 George 和 Dewi 就是堅定朝著富一代披荊斬棘的熱血青年。他們原先在竹科工作，有著令人稱羨的收入；但他們察覺薪資的上限與時間的極限，開始經營網站、拍 YouTube 影片，開創副業；最後，他們做了一個讓你跌破眼鏡的決定 —— 辭去工作，全心投入自媒體事業。這些心路歷程與背後的決策思維，全寫在《慢富》這

本書裡。

貝佐斯曾問股神巴菲特：「你的投資觀念非常簡單，為什麼大家不直接複製你的做法呢？」你猜巴菲特怎麼說？他說了一句意味深長的話：「因為沒有人願意慢慢變富。」不信，你看市面上的理財投資書或課程，不乏用「一年就賺幾百萬」、「出手就賺幾千萬」來吸你眼球、誘你上鉤，只要你把錢投進去，卻沒告訴你錢從哪來、你能承受的風險是多少？

《慢富》是我讀過最真誠，也最適合一般人的理財投資書。

慢活夫妻不會說服你盲從世俗價值找高薪工作，因為他們知道高薪都是犧牲自由換來的。所以他們告訴你嘗試「不離職創業」，即使失敗也不會怎麼樣，更何況要是成功了呢？

慢活夫妻不會要你跟風買房買保險，因為他們知道世代各有自己的經濟模式。所以他們告訴你，買房很好，但如果租屋，讓錢更有彈性用來投資，也是個機會；保險很好，

但如果搞錯保險本質，想用來投資，反而會愈買愈窮。

慢活夫妻不會告訴你怎麼選飆股致富，因為他們知道那是一條不歸路。所以他們告訴你「美股投資」，跟著好公司一起成長；也點通你「價值投資」，與其整天提心吊膽瞎猜買股，更該提升自己的開源能力，然後耐心等待投資的紅利。

在這個急功近利的時代，慢活夫妻願意告訴我們財富的真相是「慢慢生活，快快自由」，是一件多麼可貴的事！讀完這本書，放下你對金錢的焦慮、拋下你對股票的成見、遠離那些煽動你快速致富的騙子。致富不難，唯慢而已！

歐陽立中 暢銷作家／「Life 不下課」主持人

前言
Preface

買房、旅遊、提升生活品質、提早過退休生活是大多數人的理想，其中或許也有你的夢想，要抓住這些夢想必須用到錢，而想獲得錢不外乎就是透過工作或投資理財。應該沒有人想靠工作賺錢一輩子，於是投資理財成為現代人的必修課。

但是問題來了，現在網路資源非常豐富，國內外作者出版的書籍更是不少，照理說應該可以幫助大多數人解決問題才對，但事實卻非如此。

我和 Dewi 分享投資理財知識的這些年來，經常收到觀眾和讀者的提問，包括：「現在可以進場嗎？」「存股和買房哪個先？」「我適合投資美股嗎？」撇除技術層面的問題，這些提問的背後都有以下三個共通點，或許也是你正在面臨的難題：

1. 家人的金錢觀不一定正確

回想一下你第一次「認識金錢」是什麼時候，可能是幼稚園或國小一、二年級，那時是誰第一次教你計算錢的數目？是誰告訴你可以用錢買喜歡的零食和玩具？你可能已經沒有確切印象究竟是「誰」了，但肯定是家人對吧？

我們絕大部分的金錢觀都來自於家人，特別是父母。從小父母就教導我們「拿幾個銅板可以買一根冰棒」、「長大以後要上班賺錢」，成年後則提醒我們「不要亂花錢」、「不要買太貴的東西」，出了社會仍然不放心，不時碎唸我們「不要亂刷信用卡」、「不要拿這麼多錢買股票」、「現在不買房以後只會愈來愈貴」等等。**特別是在華人社會，除了親情的連結很緊密，金錢觀的連結更是緊密，父母很理所當然地以他們的角度教導你，甚至想出手為你「負責」。**

當然，家人的觀念並不一定完全錯誤，但也不見得完全正確，有的甚至有些過時，需要更新一番。這些觀念深植在我們腦中 20 年以上，不是一時半刻就能覺察其中盲點。

本書第二章會聊聊我們這一代和上一代之間的觀念隔閡。

2. 學校老師不會教你財商知識

現在再請你回想一下自己的求學階段，國小、國中、高中老師每天教你的是什麼？不外乎是國文、英文、數學、理化、社會，但就是沒有一位老師教你金錢是什麼、投資理財該怎麼做。

當然，義務教育的學科非常重要，否則我們現在哪有辦法藉由文字理解各式各樣的知識，哪懂得欣賞自然科學中學到的各種自然現象，但很可惜財商知識遲遲沒有納入義務教育的一環，最主要原因是，投資理財很難像數學一樣套用公式得出「1 + 1 = 2」的正確答案，每個家庭的經濟狀況也不同，學校老師無法和每位家長達成共識，教導學生有著相同答案。

3. 比起快速達標，你更應該「慢富」

金錢這種東西很神奇，只要是人——無論是你的同事、朋

友或親人，講到錢就容易產生比較心態。小時候是不是常聽父母說「誰誰誰家裡很有錢，所以他們住豪宅」、「誰誰誰家裡賺很多，所以一年出國十次」？到了自己出社會工作，當知道隔壁同事薪水比你多出好幾萬，你就會想賺得比他多；如果又知道他靠投資賺了上百萬，你就會想賺到上千萬。**社會氛圍的渲染讓每個人變得凡事求快，想快速達標、快速致富、快速成為人生勝利組。**

我和 Dewi 之所以取名為「慢活夫妻」，就是期許自己「慢活」，慢慢朝目標前進，想要的東西才會快快來，正如我們的口號「慢慢生活，快快自由」，無論增加收入、財務自由，或過上理想生活都必須放慢腳步。

所以這本書從「慢」的角度出發，在你慢慢成為「富一代」的路上，幫助你跳脫舊有思維，建立對你真正有幫助的財商知識。其中部分觀點可能會讓你一時之間覺得有點難消化，畢竟需要和停留在腦袋中 20 年以上的想法打上一架，希望你先將它們放在心上，哪天想起時再回來翻翻這本書也不遲。

當你可以領悟這本書 90％以上的觀念，相信未來那時的
你已經煥然一新，達到真正的財富自由。

慢活夫妻 George & Dewi

Contents 目　次

Chapter. 4 ▶ **成為有遠見的投資家**

Chapter. 5 ▶　**在現今步調快的社會，你更需要慢下來！**

Chapter. 1

3 Ways to Become Rich

天 生 不 是 富 二 代

人生劇本自己寫

LESSON ①

你有沒有發現自己「長得和爸媽很不一樣」？特別是思想上，總是和爸媽有著不一樣的想法。歐美地區有個用語叫Z 世代（Generation Z, Gen Z），韓國還有 MZ 世代，我們這個世代確實很有自己的特色和風格，相對的，也遇到許多困境。

前陣子一位粉絲私訊職涯轉換的問題：他目前除了正職工作外也在經營部落格，但正職工作看不到成長性，所以正考慮是否要全職投入部落格來獲得收入，希望我們給他一些意見。

「上班領薪水」vs.「為自己的事業打拚」是完全不同的工作模式和思維，如果是你，你會怎麼做？你是不是也會和他一樣擔心、猶豫呢？但如果今天經營自媒體是普遍的賺錢方式，還需要如此拉扯嗎？

第一次拿到新劇本

我們這一代的工作與生活，甚至金錢觀、人生觀都和上一代有著很大的差異。

你有沒有聽過父母或長輩感嘆「過年吃到蘋果、雞腿有多麼幸福」，很不可思議對吧？父母生長的年代普遍低薪，物質條件也很不好，是現在的我們很難想像的。對他們而言，有飯吃才活得下去，擁有一份「穩定工作」比什麼都還重要。所以他們選擇待在某個體制內，付出時間和勞力換得薪水和福利，偏向所謂的群體思維。

反觀我們的成長環境，網路世界和科技工具蓬勃發展，資訊的流通與管道也豐富多元。網路的盛行讓人逐漸從群體框架中釋放出來，我們不是群體的一部分，職場競爭不是唯一的選擇，工作也不是只有雇主和員工的關係。我們是個體思維——「我」決定做什麼事、「我」決定成為什麼樣的人。

相信你不想用拚命加班來向老闆證明自己是個好員工吧？

　　　　　　　　慢富：慢慢成為富一代，快快過上自由生活

假設在職場遇到不公不義的事，即使不出聲反抗，應該也會頭也不回的和老闆說再見吧？或許在一些長輩眼裡，年輕人被說成是草莓族、活在自己的世界，但我認為是工作願景和追求的東西不同了。在這個時代，我們其實都有機會找到一份喜歡又能賺錢的工作，而且或許這才最符合自己的人生劇本。

這次由你來演出

不過你很可能會遇到一個問題：假設你要嘗試數位游牧者的生活，已經訂好下個月前往泰國的機票，打算帶著筆電邊旅遊邊工作一個月，然而一想到要向家人開口，是不是讓你長嘆一口氣？即使不必報告細節，想必你會在聚餐或團圓時聽到長輩們的勸退：「別做白日夢了！乖乖回公司上班吧！」這些話真的讓人很氣餒，聽久了甚至也開始懷疑自己。

我們畢竟是人，一定會受到原生家庭的影響，對家人有著情感和羈絆。**有時候，內心的猶疑並不完全在於自己，更多的是與家人之間的拉扯。有時候，害怕做決定不是因為**

心裡矛盾，而是不想和家人發生衝突。

如果你發現生活中看到、學到的思維，與從小被師長教導的那一套有很大的衝突，近來崛起的新概念例如數位游牧、財務自由，實際執行起來也綁手綁腳，這些都是正常的，很可能是無形中受到新舊思維的拉扯，內心總有一個聲音阻止你這麼做。

有一本書的書名我覺得取得很好，叫《管他去死是人生最大的自由》，何必在乎其他人怎麼看你呢？新的工作模式、賺錢方式，都放膽去試吧！家人或許是出於擔心而有反對聲音，但又有什麼關係？每個人都要在自己的人生劇本中找到工作與生活的美妙平衡，這齣戲怎麼演取決於你，你才是「主角」。

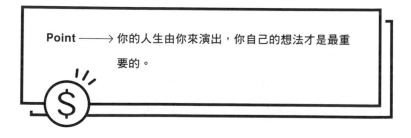

Point ──→ 你的人生由你來演出，你自己的想法才是最重要的。

　　　　　　　慢富：慢慢成為富一代，快快過上自由生活

不是富二代，那就當富一代！

LESSON ②

除了新舊思維帶來的價值觀差異外，在現今的大環境，我們面臨更殘酷的問題：即使好不容易摸索出自己感興趣也適合的工作，眼前還有高物價和高房價兩大關卡等著……

記得我出社會不久時曾向爸媽和朋友聊到「30 歲前我要擁有 700 萬資產」，他們只是半嘲諷地說：「你這夢也做太大了吧？」確實以目前的薪資水平來看，社會新鮮人的年收大多落在 50 萬，好一點可能 70 萬，從零開始累積財富的確有難度，但更困難的是超越普通人與有錢人之間的高牆，難道努力了半輩子也比不上那些一日接家業的富二代嗎？

打出一手好牌

你羨慕過富二代嗎？無論小富二代或大富二代，從學生時

期就看著某某同學經常買名牌又出國玩，享有優渥的物質生活，畢業後就直接繼承家業，不用在外頭遭受風吹雨打，人生的方方面面都讓人極度羨慕，就像玩撲克牌大老二，開局就是滿手好牌。

我和你一樣，出生在一個平凡無奇的家，沒有豪宅、沒有名車、沒有財務自由，開局拿到的是一手很普通的牌，甚至連一張 A 也沒有，怎麼想都覺得這場牌局很難打贏，難道要直接棄牌嗎？還是繼續打下去呢？

某次偶然重溫日劇《詐欺遊戲》（*LIAR GAME*），看到男主角在某個賭局開局時拿到極普通的牌，還沒出牌就處於劣勢，但最後他打出一場精采的牌局並且拿下勝利。我們在玩撲克牌的時候何嘗不是如此呢？當然手上的牌愈好就愈有機會勝出，但現在的我更注重如何出牌，只要牌出得好，善用葫蘆、鐵支，甚至同花順，比開局拿到大老二還重要太多了。

人生也是，或許開局時的首抽並不完美，但我們可以優化出牌方式和順序，幫助自己成為「富一代」啊！

變富有就從第一代做起

不知道你有沒有看過美國職籃 NBA？在 NBA 裡每年會產生一個總冠軍，每個總冠軍的誕生則被稱為「王朝」，例如籃球之神麥可‧喬丹（Michael Jordan）帶領芝加哥公牛隊建立的「公牛王朝」，此外還有湖人隊的「紫金王朝」、勇士隊的「勇士王朝」。早期想稱霸獲得總冠軍，靠的是非常會搶籃板的中鋒，然而隨著時代改變，打法也不同了，現在注重的是外線三分球，厲害的三分射手便能幫助隊伍增加奪冠機會。

這些王朝就好比每個世代，而奪冠方式就是各個世代要在人生賽道中勝出的策略。上個世代的方式是，用大量時間和勞力換得不錯的收入，再將薪水放在銀行定存，收取每年 7％以上利息，最後在大都市買房子，讓自己過上好生活，這是屬於他們的致富策略。但如今已經無法用這種方式滾大財富了，我們必須找到這個時代適用的策略。

受惠於網路和科技，我們這一代能學到更多財商知識，接觸更多金融商品，從培養成熟務實的金錢觀，到投資

ETF、美股，都能幫助我們打出一場好牌局。成為有錢人不單單只是夢想，它絕對可以實現，還能從零開始！只要有心從第一代做起，你非常有機會成為下一個富一代。至於該怎麼做，接下來的三部曲會慢慢細說給你聽。

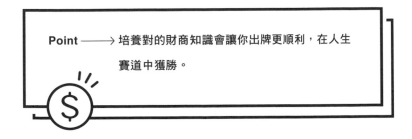

Point ─→ 培養對的財商知識會讓你出牌更順利，在人生
賽道中獲勝。

富一代首部曲：從「心」出發

LESSON ③

看到標題你應該很納悶：「錢就是錢啊，跟『心』哪裡扯得上關係？趕快告訴我怎麼變有錢吧！」以前我也是這麼想，認為兩者之間毫無關聯，但真的是這樣嗎？一起來看看下面的例子。

A 的父母曾因為投資失利，一家人經歷過一段拮据的日子，此後節儉成為他的「座右銘」，做任何事都只專注在節流，連酷暑也不肯開冷氣或電扇，甚至想透過節省存到第一桶金。B 則是從小被父母耳提面命：「百貨公司一樓的專櫃保養品都很貴，我們家買不起。」即使她長大後經濟獨立自主，卻始終不敢走進百貨公司專櫃，因為認為自己配不上這麼「高貴」的東西。

一旦我們經常接受某個觀念，久而久之視野和發展也會受到限制，認為世界本來就該是這樣運作。金錢觀也是，從

小父母怎麼教，長大後我們就怎麼做。如果你想跳脫這個制約，必須從「心」出發，修正對金錢的態度。

讓自己「真的喜歡錢」

拜託別開玩笑了，這世界上哪有人不喜歡錢啊？你錯了，真的有！

「賓士是有錢人在開的」、「健身房是有錢人在去的」、「有錢人才會買×××」，相信你很常聽到這些話。會說這種話的人應該是很在乎錢、很羨慕有錢人，也很想成為有錢人吧？其實正好相反。

「健身房是有錢人在去的」，言下之意就是「正是因為我沒錢，所以我不該去健身房」，把沒錢的自己和有錢人們清楚劃出一條界線，認為自己不可能變得和他們一樣，這樣豈不是很矛盾嗎？為什麼明明很在乎錢，卻又把自己帶遠離有錢人的行列呢？可能是出自於嫉妒，又或是小時候內心受過傷，導致無法打從心底正面看待錢，久而久之言行會變得一致，於是從此真的與有錢人絕緣了。

一個真心想變富有的人會說「我要和這些人一樣上健身房」，而不是劈頭就認定「健身房是有錢人在去的」。**雖然只是簡單的言語表達，但表達方式會深深影響看待金錢的態度。**

配得感決定你的人生高度

先來說說什麼是「配得感」。配得感最容易反映在物質生活上，配得感高的人會說：「哇，這個 1 萬元的行李箱好適合我喔，我要把它買回家，以後出國就用它了！」相反的，配得感不高的人則會說：「1 萬元的行李箱太貴了，我不需要用到這麼好的。」先撇開過度消費，如果真的有使用需求，你會怎麼選擇行李箱呢？

先從務實層面來看，假使你選擇買 3,000 多元的行李箱，3,000 就是硬生生比 1 萬便宜許多，但 1 萬元的行李箱通常品質好、輪子不容易壞，讓你用超過 8 年絕對沒問題。那 3,000 多元的行李箱呢？可能品質堪憂，託運幾次就摔壞了，結果每年都得重複購買，花錢又費時，反倒更不划算了。

接著從心理層面來看，思考一下「1 萬元的行李箱太貴了，我不需要用到這麼好的」這句話背後的意思，**是真的不需要用到這麼好，還是因為價格而被迫選擇品質較差的商品呢？** 就像有些長輩常說「這個太貴了啦，我們不用買到這麼好」，可是你會明顯發現他們心中渴望的仍是單價較高的優質商品。

配得感不足，會使人看待事物時落入「價格陷阱」，犧牲了該有的生活水平。如果適度花點錢，練習提高配得感，可能帶來更多人生際遇，甚至是投資機會。

金錢不能完成所有事，但可以讓你擁有很多選擇

「錢無法買到一切」、「金錢不能完成所有事」，這些話是對還是不對呢？當然某些事情是錢無法完成的，比如品德、愛情等等，但即使金錢無法完成 100％的事，卻可以完成 99％以上的事，並且讓你的人生多出非常多選擇。

「5,000 萬的豪宅怎麼可能買得下手」、「40 歲以前怎麼可能環遊世界」、「怎麼可能出國都住五星級飯店」，你聽過

這些話嗎？這些事情真的都不可能嗎？當從口中說出「怎麼可能」的時候，就代表內心已經放棄朝這個目標前進了。為什麼你覺得不可能呢？會不會是你把自己侷限住了？是不是就像前面說的，還沒有打從心底喜歡上錢？

一份法式料理、排餐料理的價位絕對比路邊一碗滷肉飯貴上不少。如果你是有錢人，你的選擇可以是「今天吃法國菜、明天吃排餐」，也可以是「每天吃大餐好膩，今天改吃滷肉飯好了」，而不是「最近手頭很緊，今天只能吃便宜的滷肉飯」。這就是金錢可以為你做的事，它可以替你完成 99％以上的事，讓你的人生選擇變得更多元。

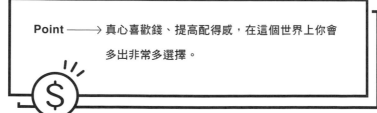

Point ──→ 真心喜歡錢、提高配得感，在這個世界上你會多出非常多選擇。

富一代二部曲：不離職創業

LESSON ④

改變對金錢的看法後，接下來要思考更務實的事：如何賺到更多錢。除了你想到的透過升遷加薪、沒日沒夜地加班、兼差送 Foodpanda 之外，還有一個你第一時間不會考慮的，就是「創業」。無論如何建議你一定要嘗試創業，而且要以「不離職」的方式進行。

相信你對不離職創業這五個字不陌生。幾年前我和 Dewi 就是白天在公司上班，下班後研究投資理財知識，再分享內容到部落格和社群平台，不到一年後我們正式離職，轉為全職經營。這麼簡單的概念一定難不倒你，但為什麼真正在執行的人那麼少呢？

不離職創業

人一旦確立目標就會急，投入大量時間卻遲遲看不見成果

是很挫折的，與其持續做不確定的事，不如將時間用在當下的享樂。但是你不覺得事情又回到原點了嗎？難道要上班領薪水一輩子？

我們再思考一下不離職創業的意義。所謂「不離職」就是以正職工作為基底，不用裸辭、沒日沒夜地衝刺，所以關鍵是走得「穩健」，慢慢累積實力和本金。雖然這是一段緩慢進行的過程，但你會走得很踏實，因為已經有份穩定的正職工作，創業過程中不必擔心收入，反而能更能專注在發展自己的事業。經過時間的累積，不離職創業的成功機率非常高。

從另一個角度來看，不離職創業還有一項優勢。假設今天你要進行一場 30 分鐘的直播，但在此之前你花了 3 小時的時間和心力查閱資料、內化成自己的東西，看直播的人得到的只有 30 分鐘，分享內容的你得到的卻是 3 小時的知識整理、自我成長，真正收穫最多的其實是自己，而收入只是附加的東西。

換句話說，不離職創業不只是一份「用來賺錢」的工作，

在分享內容或幫助客戶的過程中，你會協助讀者和客戶解決問題，並且獲得成就感，自己也能有所提升，而此時，**金錢就只是附加價值，它會隨著你解決他人的困難而來到你身邊。**

即使失敗了，又怎樣？

那萬一失敗呢？幾年前我們想踏入室內裝潢的領域，但一直都沒有很好的成果，最後放棄了。你說我們失去了什麼？金錢方面我覺得沒什麼損失，畢竟都是免費平台。至於時間，平時投注不少心力在研究室內設計、石材配色等等，流失了時間確實有點可惜，但就像你想的：「所以呢？」這就是不離職創業的最大好處——即使失敗也不會有什麼損失。

假設人生一共有 52 張牌，但翻開次數有限，也許只有十次，而不離職創業成功的牌只有 5 張，成功機率是5/52，如果這次翻牌失敗，下次成功機率就是 5/51，下下次則是 5/50……換句話說，每一次的失敗都會增大下一次的成功機率，但是你會有什麼損失嗎？因為有正職工作

當作後盾，損失的頂多是娛樂時間，不會落得兩頭空。就像玩水上遊樂設施香蕉船，我們可以勇敢地朝著目標向前衝，因為我們知道翻船頂多是掉到水裡，不會受傷。而正職工作就如同大海，是個非常強大的後盾。

如果你還是對不離職創業感到恐懼，試著先將創業理解成「創造副業」吧，這樣門檻是不是就降低不少了呢？

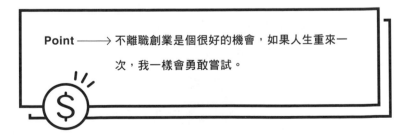

Point ──→ 不離職創業是個很好的機會，如果人生重來一次，我一樣會勇敢嘗試。

富一代三部曲：不投資的痛

LESSON ⑤

幾年前我還在新竹科學園區當工程師時，面對長時間加班和高強度工作，內心一直出現一個聲音：「我的人生只有這樣嗎？我還撐得到 65 歲退休嗎？再 3 年我就不行了吧⋯⋯」如果可以選擇，沒有人不想提早退休，離開朝九晚五的上班生活，但很現實的是「沒錢，不敢離職」。

先說結論，問題出在有沒有「投資理財」。聽到這四個字，你心裡是不是想著：「投資理財？好像很難⋯⋯提早退休當然很好，但是距離退休好像又還早，投資理財以後再說吧！」如果你有這種想法，恐怕只會愈過愈辛苦。

如果不投資理財會怎樣

從正面思考「為什麼要投資理財」可能想不到原因，從反面思考「如果不投資理財會怎樣」或許你會比較有感覺。

如果將人生分為兩大階段：「現在」與「退休後」，我們都處於「現在」，這個階段面臨的是薪水漲幅趕不上物價漲幅、存款速度趕不上房價漲幅，不用我多說你一定很有感了。

那麼「退休後」呢？想像一下 40 年後的自己，你覺得能靠政府提供的勞退和年金安心過上晚年嗎？或許每個月能領到 2 萬元退休金，但 40 年後的 2 萬塊還夠生活嗎？應該是滿難的了。隨著通貨膨脹，金錢購買力只會愈來愈低，即使有一筆存款，也很可能有捉襟見肘的一天。

再試想一下已經 70 多歲的你，仍然得拖著老弱病痛的身子兼差打零工，而每個月的收入說不定還不夠填飽肚子，更別提生活和醫療要有什麼品質了⋯⋯你腦中浮現出日本的下流老人了嗎？**不投資帶來的痛，其實在於「老後」。**

如果投資理財又會怎樣

看到這裡你肯定開始出現危機感了，但不是要故意嚇唬你，投資理財不只讓你對抗危機，還有更正面積極的意義。

你想怎麼過完這一生呢？上班賺錢、存錢買房、結婚生子、65 歲退休……不覺得好像少了什麼嗎？怎麼沒有旅行、坐遊艇、探索大自然，也沒有外太空旅遊、飛天車呢？難道這些不值得放進人生藍圖嗎？應該不是吧？沒錯，投資理財是為了享受生活、體驗未來。

未來是天堂還是地獄，取決於你現在做了哪些努力。投資理財不像是在職場升遷加薪那樣名額有限、需要機運，它是人人都做得到的，所以從零開始學習吧！

在這條路上你會遇到各種難關，第一道關卡是自我懷疑，特別是家人可能會不斷質疑你，比如你認為應該投資股票，長輩卻認為碰股票會傾家蕩產。當他們在你耳邊碎唸「賺的錢全部拿去買儲蓄險最安全」、「股票玩玩就好，不要放太多錢進去」、「股票很容易下市，不要抱在身上太久，免得把錢輸光」，你仍然要朝著原本目標前進。

相信自己做得到

如同前面章節講的：從「心」出發，你必須先相信自己會

是個有錢人，並且提高配得感，才能真正成為有錢人。就像吸引力法則，當你有正面想法就會得到正面結果，請相信自己可以做好投資理財，而且會是位有錢人！

接著嘗試「不離職創業」，這是初期累積財富的最快路徑，也是一種事業上的投資。舉個例子，假設你的投資年化報酬率超越股神巴菲特的 20％，但因為初期本金只有 10 萬，投資一年只能多賺 2 萬，然而不離職創業或許光是半年就遠遠超過 2 萬了，所以，投資在不離職創業吧！

最後必須排除萬難學習「用錢賺錢」。即使過程中會遭遇許多挫折，但這是在成為富一代的路上必須經歷的事，我們就是這樣走過來的，相信你一定會獲得美好的成果。

Step 1 ——→ 從「心」出發，徹底改變對金錢的態度。

Step 2 ——→ 嘗試「不離職創業」，加快賺錢速度。

Step 3 ——→ 排除萬難學習「用錢賺錢」（投資理財）。

Chapter. 2

Think Outside the Box

換位思考，打破思維的牆

整天坐在電腦前，為什麼不出去工作賺錢？

LESSON ⑥

YouTuber、直播主、部落客、遊戲實況主、網路行銷、線上課程老師、電商都是近來崛起的職業,也許你現在就從事著相關工作,但其中卻有很多是上一輩口中「不務正業、沒辦法養活自己」的工作。

幾年前我和 Dewi 還在竹科當工程師,到了假日就各自帶筆電回家處理正要發展的網路事業,包括現在的官方網站、Instagram、Facebook 粉絲專頁,只要一有空檔就不想浪費分分秒秒,因為我們知道建立網路事業並不是靠運氣,而是需要花時間累積。不過,每當我們拿出筆電做事,爸媽就會開始碎唸:「整天黏著電腦幹麼?到底什麼事情這麼忙?一直看電腦又賺不到錢。」相信這些話你一定很有共鳴吧?

事業籌備到一個階段後,我們毅然決然辭掉竹科工程師的

工作，轉為全職經營。但爸媽對於我們的決定完全無法理解，怎麼會主動放棄他們眼中的「科技新貴」，而且是那種「年薪上百萬的科技新貴」呢！畢竟以前的科技新貴各個都是有房有車的超級人生勝利組，我們簡直是傻瓜中的傻瓜，完全是在拿自己的人生開玩笑。

工作型態的轉變

比起離職，發展「網路事業」更讓他們無法理解。我們爸媽一路以來從事過印刷業、紡織業、旅遊業，對他們來說，付出時間和勞力製造出商品或提供服務才叫上班，而網路是打電動、聊天、滑一滑 Facebook 的娛樂場所，和上班工作、經營事業根本扯不上關係，因為他們無法直接看到我們到底把勞動力轉換成什麼商品或服務。

比如說我爸，以前他每天會用 8 小時的時間製造印刷品、名片，所以對他而言，「花多少時間就有多少報酬（薪資）」是理所當然的，這也是工業世代所謂上班的感覺。而網路事業就不是這樣了，一開始付出的回報往往是不對等的，比如花了 5 小時處理一支 YouTube 影片，但因為

初期流量不好，影片製作很可能是賠錢的，不僅賺不到錢，還賠上了時間。

然而看待網路事業要以「複利」的角度，即使影片短期間不賺錢，但後續會帶來長尾效應，例如不定期的影片廣告收益、聯盟行銷分潤、品牌價值提升、數位產品導購、實體商品下單，很難一比一用勞力計算酬勞。

每個世代的新經濟模式

你可能和我一樣不喜歡也不適合需要大量勞力的工作，比較適合這個世代興起的網路事業，但要知道，你很難第一時間向長輩解釋清楚這是在賺什麼錢，即使說明了一切網路運作與商業模式，他們或許也是「有聽，沒有懂」。

尤其當他們看到你很辛苦地做事卻一點收入都沒有，肯定會非常擔心你，深怕你沒辦法養活自己；相反的，假如你的網路事業比較成功，也達到一定規模，他們可能又覺得你怎麼整天好吃懶做不務正業，或者認為你所謂的有賺錢只是為了讓他們放心而說出的善意謊言。

儘管他們始終無法理解你在做什麼，但是沒關係，只要稍微解釋一下然後好好過自己的生活就好了。即使他們可能這輩子永遠不懂網路事業，不過換個角度想，這就和我們阿公阿嬤一樣，認為要賺錢就是要種田、養雞、捕魚，永遠無法理解為什麼我們爸媽要到城市從事製造業、服務業不是嗎？

Point ──→ 每個世代都有新的經濟模式，保持開放學習的心就能看懂下個世代的工作型態。

給孝親費是天經地義？
每個月拿出 1、2 萬就是孝順？

LESSON ⑦

START

我媽在我阿公阿嬤家裡是倒數第二小的小孩，而我的舅媽、阿姨很多已經到了 60～70 歲的年紀。在舅媽阿姨的觀念裡，當年他們辛苦把小孩養大，小孩長大後賺了錢，就該從每個月薪水中拿出 1～2 萬回饋給父母。

某次過年團聚時阿姨問我：「你每個月都拿給爸爸媽媽多少錢啊？」我老實回答：「沒很多欸，偶爾會拿 1,000 塊而已。」這個答案似乎讓阿姨很不滿意，立刻唸了我一頓：「爸爸媽媽辛辛苦苦把你養這麼大，你拿錢回家是天經地義的事情，怎麼會給那麼少？你表哥每個月拿 2 萬塊回家耶，你看看你，要孝順一點啦！」

我當下聽了很難過，甚至有點生氣：「我只給一點錢就是不孝順嗎？難道孝不孝順是用錢來衡量的嗎？給愈多孝親費就一定愈孝順嗎？」我認為孝順與否來自於有沒有陪伴

父母、心裡有沒有時時刻刻想著他們等等，但阿姨或許就不是這麼想，畢竟很多傳統長輩的觀念是：「從小養你要花很多錢，所以你當然要給孝親費，而且爸媽還會幫你存起來，多好啊！」

父母的角度

那天阿姨問我孝親費的當下，我爸媽就在旁邊，但是默默裝作沒聽見，我很感謝他們沒有順勢跟著阿姨唸我……

為什麼我爸媽會裝作沒聽見呢？其實他們很早就找我聊過孝親費的事了，而且非常明確地告訴我，不用每個月拿1～2萬回去，他們目前還有工作，不需要我操心。

老實講，我非常感謝爸媽的體諒。他們理解現在環境比較辛苦，如果要買房壓力又更大了，所以當他們還能經濟自主時，自然不想讓孩子增加太多負擔，甚至要我把錢留下來，無論拿去買房或做投資都好，總之先為自己的將來和小孩做打算，畢竟父母也希望小孩賺了錢之後可以過上理想生活嘛！

非直接金援

或許你正在煩惱究竟要不要給父母孝親費，怕不給被說不孝順，給了結果存不到錢。坦白說這沒有正確答案，必須尊重自己也尊重父母，依據雙方的經濟能力討論這件事，絕非單方面說「給」或「不給」。

假如你的父母沒有存退休金，也沒有理財習慣，導致現在生活過得比較辛苦，可以和他們討論雙方都接受的方法，比如每個月撥出小額孝親費，或以「非直接金援」的形式代替孝親費，例如父母幫我們顧小孩，我們提供他們每個月保母費，讓雙方各自都有貢獻會更有意義。

而如果你的父母和我爸媽一樣可以負擔自己的生活，我也不是不給孝親費，而是以另一種形式幫他們預留一筆錢：定期定額投資在美股大盤 ETF，等於默默為爸媽存下未來的養老金。縱使將來他們沒有使用到這筆錢，也可以想成是幫自己的老後做打算；如果未來他們真的需要一筆錢，我也因為做好了準備，拿出錢時比較不會有負擔。否則我媽肯定會把孝親費拿去放 1％利息的銀行定存，甚至連定

存都不去存……

當還有人因為你沒給孝親費而說你不孝順時，真的別放在心上了。每個人的家庭狀況不一樣，甚至你每一年的狀況也不一樣，難道他知道你現在的工作狀態嗎？他知道你有在幫父母默默投資嗎？他知道你父母要的其實是陪伴嗎？這些答案只有你和你父母知道，只要雙方都接受才是對你們家而言最好的答案。

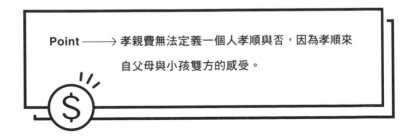

Point ── 孝親費無法定義一個人孝順與否，因為孝順來自父母與小孩雙方的感受。

我們該知道父母的經濟狀況嗎？

LESSON ⑧

這幾年 COVID-19 疫情肆虐帶給不少行業打擊，特別是餐飲業、旅遊業。Dewi 的爸媽是開旅遊公司，收入也因此減少，但究竟減少到什麼程度，我們其實不清楚。通常父母不會主動告訴小孩家中的經濟狀況，畢竟在他們眼裡我們依然是孩子，可能覺得跟我們講了沒用，也可能不想讓我們擔心。

某天，Dewi 在捷運上接到媽媽打來的電話。媽媽突然說道：「疫情影響公司好久了，公司一直沒有客人，我們好一段時間都沒有收入。聽別人說 ××× 股票好像會漲，妳覺得爸爸媽媽可以買一張看看嗎？這樣還可以加減賺點生活費，順便把跟政府借的錢還一還，因為明年就要還第一筆了……」

聽到這裡，我和 Dewi 的心瞬間涼掉一半，因為我們從沒

想過爸媽 30 年來沒有存任何緊急備用金，也沒想過他們的經濟狀況比想像中差，而且還有貸款。我們一直以為他們早已做好了萬全的退休準備……

大人的理財觀未必成熟

假設爸媽以前有做理財規畫，如今應該多少有些退休金吧？少說也要準備個 500、600 萬以上才能安心退休吧？無論如何至少會有緊急備用金才對，怎麼因為向政府借的錢周轉不靈，到了即將還錢的前一刻才告訴我們呢？我們也不可能瞬間拿出這麼多錢啊！還有，想透過股市短期獲利來賺取生活費是錯的，我們怎麼知道需要用錢的時候股票一定漲呢？

媽媽的隻字片語透露了沒有存緊急預備金、理財觀念不成熟之外，細問之下才知道他們連日常記帳的習慣都沒有，甚至一個月的伙食費多少也沒計算過，處理財務的方式居然如此沒有規畫，讓我們非常頭痛。原來爸媽一直是「賺多少，花多少」，到了今天真的沒收入了，就是真的沒錢生活了。

當家裡經濟發生困難，我們當然很願意協助，但為什麼他們已經是 60 多歲的成年人了，處理財務卻像個小孩子呢？多賺的錢沒有存下來、錢不夠就去貸款，殊不知這些方式根本無法解決真正的財務問題。

不避諱談論「錢」

我不知道原因是什麼，但是我知道爸媽如果真的需要小孩幫忙，做長輩的千萬不要覺得沒面子。我們身為晚輩，一點也不覺得父母沒錢很丟臉，更不覺得他們就是要養我們一輩子。

希望天下的父母能不吝「提前」向小孩說實話。如果身上有些資產過退休生活，要讓小孩放心：「哦！爸媽的晚年我應該不用太煩惱。」而如果沒有太多資產也沒關係，至少要讓小孩提前準備：「啊……現在要多少幫爸媽存點生活費了。」

未來當我們成為父母，也會讓小孩知道一些基本資訊，比如「我們有自己的房子」、「我們每年靠股息收入過退休

生活」、「我們會用以前準備的退休金養老直到離開人世為止」。即使真的不幸沒有存到太多退休金，也會提前告訴小孩家裡實際狀況，大家一起解決問題。

總之，大人跟小孩、長輩與晚輩，不要避諱談論「錢」的議題，家人之間總有一天必須面對，與其措手不及，不如提前聊聊，讓父母知道小孩的經濟狀況、小孩也知道父母的經濟狀況，兩個世代不用互相擔心，不是很好嗎？

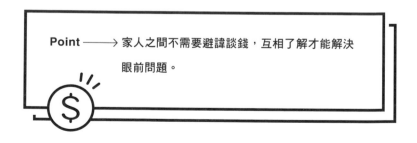

Point ⟶ 家人之間不需要避諱談錢，互相了解才能解決眼前問題。

一定要買房嗎？誰說租屋就不好？

LESSON ⑨

START

每次我和 Dewi 回老家，長輩總是會問：「你們要買房子了嗎？要買在臺北、新竹，還是臺南？早買早輕鬆啊！」而我們總是回答：「再看看吧，目前會以投資美股為主。」通常長輩就會繼續唸：「你們不趕快買房，到時候愈來愈貴就買不起了！投資股票很危險你們不知道嗎？輸光光怎麼辦？這些錢拿去買房子繳頭期款不是很好嗎！」

多數人對人生勝利組的既定印象就是「有房有車」，而「有土斯有財」更是普遍亞洲人的觀念。特別是長輩們曾歷經過臺灣股市泡沫與大跌，不少人的股票因此慘賠，對股市心生恐懼。相較之下，房價幾乎沒有大幅下跌，所以在他們眼中擁有一間房子才叫「有財產」，而投資股市就是「把錢丟去賭博、不會思考未來」。

然而從更宏觀的歷史借鏡，你會發現房價不可能無限往上

衝。以日本為例，日本人也曾有「有土斯有財」的觀念，認為房地產不可能下跌，在 80 年代光是東京總房價就能買下整片美國國土，但日本房價自 1990 年最高點跌落以來，至今一直處於低基期，所以誰說房子只漲不跌呢？

房子愈早買愈好？

先撇除房價漲跌問題，其實我們試算過，一個普通家庭若要買三房兩廳的房子，加上裝潢費等粗估 1,700 萬，頭期款以 20％計算的話，必須先拿出 340 萬，還要維持 30 年有 4～5 萬現金流專門用來繳房貸……

▶ 1,700 萬的房地產，貸款 30 年，每月需要繳 4～5 萬的房貸
（圖片來源：591 房貸計算器）

算到這裡，我會選擇把頭期款的 340 萬拿去投資美股，以最普遍的 4％殖利率計算，每年可以拿到新臺幣 13.6 萬元的股息收入，這還不算未來股息成長與股價上漲的獲利。

真有必要早點買房嗎？我的答案是不一定！人的一生可能會換好幾份工作，你應該不否認吧？我覺得哪裡有機會就往哪裡去，不需要被房子、房貸綁死在某個區域。就像我們進竹科工作前也認為這份工作會一直做到 45 歲，然後在新竹買間房子，但誰知道會有今天？我們從沒想過會從竹科搬來雙北發展自己的事業。如果我們已經在新竹買房子、有房貸壓力，基本上就沒有出來闖盪的勇氣了，畢竟會害怕失去那份用來繳房貸的優渥薪水。

不給自己設限

當然不是鼓勵你不買房，而是要告訴你人生其實有很多可能。可能因為你沒有買房，也沒有房貸壓力，正好天時地利人和，眼前出現一份非常適合你的工作，還能帶來 300 萬以上年薪，你反而會非常慶幸自己只是租房子，要走隨時可以走，能用愉悅且沒有負擔的心情去迎接新工作。

但如果你已經買房在先了，一定會擔心這擔心那，擔心如果新工作不順利是不是就繳不出房貸？擔心房子該賣掉還是出租？擔心是不是乾脆就不要這份工作算了？

當然啦，如果你買下一間房子，便有那間房子的擁有權，既不會遇到房東臨時不租的風險，還可以把房子裝潢成自己喜歡的樣子，這些都是買房的好處。但相對的，你也會失去很多租屋族才擁有的好處，例如可以住在不同城市，喜歡哪個城市再定居，也能把原本要用來繳頭期款的資金做有效投資，讓錢滾錢。

買房或租房沒有對錯，就像「買車還是租車」一樣沒有絕對答案。現階段的我們會選擇租房，但說不定到老了、小孩長大的那天，我們會買一間 30 坪、剛好適合兩人住的電梯大樓，打掃起來還不用這麼費工夫呢！

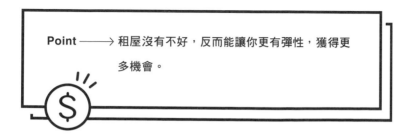

Point ──→ 租屋沒有不好，反而能讓你更有彈性，獲得更多機會。

結婚一定要花錢辦婚宴嗎？

LESSON ⑩

以前竹科同部門有個大我 10 歲的學長和我聊到關於結婚
的事。

學長：「你之後結婚會辦婚禮嗎？」

我　：「應該不會吧，流程很麻煩，花錢又花時間……」

學長：「怎麼會！辦婚禮可以賺錢欸，只要一人收個幾千
　　　　塊，一桌就可以收好幾萬，一場婚禮辦下來能賺
　　　　不少欸！」

我　：「呃……」

當時被學長這麼一說，我一直無法想像，只是想結婚的一
對新人為什麼要把婚禮搞得這麼商業化？為什麼要把結婚
當成一個賺錢項目？如果結婚想辦婚禮，也是想得到大家
的祝福吧，怎麼把重點擺在紅包收了多少、婚宴有沒有賺
頭呢？

新舊觀念的衝突

傳統長輩認為小孩結婚一定要花大錢辦婚禮，包括要有盛大場面和很多親朋好友參加，因為請愈多桌愈有面子。但有時我會想，花錢宴客的是我們，為什麼長輩意見那麼多呢？到底是我們年輕人結婚還是長輩們要結婚啊？辦場婚宴不但要處理流程、聯絡、訂喜餅，還要拍婚紗、宴客，過程繁瑣又心累，所以現在很多人直接在戶政事務所登記結婚，簡單、省時又省錢。

我和 Dewi 走的是務實派，我們就是選擇在戶政事務所登記結婚，理由當然很多，其中一個是省下拍婚紗的錢。雖然我也覺得婚紗照很美很浪漫，可是你也知道，爸媽總會拿起小孩的照片說：「看看你小時候眼睛大大的好可愛喔」，卻從來沒拿起自己的婚紗照，甚至把它丟在房子最角落，一放就是幾十年，碰都沒碰過。

此外，我們無法預料誰會包多少錢，而包紅包又有個不成文的規定：「包偶數，避開 4 開頭和奇數開頭」，所以一個家庭不是包 3,600 元，就是往上跳一階，包 6,000 元

或 10,000 元。說實話，6,000 元對現在很多家庭來說已經是半個月的伙食費了，如果真的要辦婚宴，我們也不好意思收別人這麼多錢。相反的，如果別人沒有包這麼多給我們，肯定是請愈多桌就花愈多錢。

如果你還是想辦場夢幻婚宴，花個幾十萬、上百萬邀請親朋好友參加，絕對沒問題，這就和要不要買車一樣，有好有壞。不過，我覺得我們這個世代真的不一定要辦婚宴，怎麼說呢？我的想法比較務實，畢竟婚禮是表演給別人看的成分居多，夫妻倆通常也不會因為沒辦婚禮就不相愛，再加上婚禮時間只有那幾小時，對我們也沒有實質幫助。

比起短暫的婚宴，我們會把這筆錢變成永生難忘的蜜月旅行，去歐美、馬爾地夫、日本、韓國都好，至少是屬於兩人的美好回憶。如果不想旅行，想更務實一點，這幾十萬到上百萬可以用來當作買房基金，也可以拿來把家裡裝潢得美美的，換成既能留下回憶又有實質幫助的東西不是更好嗎？

結婚到底要不要辦婚宴？先訂婚再結婚，還是訂婚結婚一

起辦？喜餅要選哪一家？婚宴要請幾桌？這些問題在長輩和年輕人之間已經出現了兩極的看法。也許長輩堅持要辦婚禮，年輕人堅持要把錢拿去度蜜月、買房或投資，如果可以的話，雙方或許談個折衷的方式，比如只邀請最親的親戚 2～3 桌，不收禮、不收紅包，不僅能對長輩有個交代，年輕人也不會有這麼大的經濟壓力。

Point ──→ 結婚不一定要辦婚宴，務實的蜜月旅行和買房基金對你更有幫助。

$

與上一代財務觀念有隔閡怎麼辦？

不知道你是否也有這樣的經驗，剛出社會時老是被父母插手安排做他們認為「對的」投資理財方法。但是長輩的做法真的比較成熟，也適合我們嗎？

以我家為例子，我爸媽很愛買長期儲蓄險和還本型保險，賺來的錢大多拿去繳保費，以致於我小時候若有想買的玩具或想吃的東西通常會被拒絕，因為現金流卡得比較緊，必須省著點用。從小看著爸媽的財務規畫方式長大，我曾想過未來也要朝這條路前進，就是「存錢買保險、存錢買保險」……

世代隔閡的產生

時間來到我出社會工作的時期，當時我仍然認為「人生就是賺錢、儲蓄、買保險」，所以聽了爸媽建議買了一點儲

蓄險，希望成為老後的退休金。

工作了 2、3 年，我發現某些人透過投資賺了不少錢，而且維持一定的生活水平，反觀我所繳的儲蓄險不但還沒回本，解約還會賠上不少違約金。此時我才意識到，我做的似乎不是真正的「投資理財」，只不過是單方面存錢而已。我便開始上網搜尋資料、參加課程進修，踏上投資股票的旅程。

一開始投資股票遭到爸媽極度反對，他們甚至知道我開了證券戶就非常生氣：「不是叫你不要買股票嗎？為什麼要把這麼多錢丟在股市裡？萬一賠光怎麼辦？」我想這是很多人正遇到的問題。你明明知道父母是為你好，深怕你把辛苦賺來的薪水投入股市，最後全部輸光；但是理智又告訴你，以長期報酬率來說，應該盡早參與股市然後長期投資，錢才不會被通貨膨脹這個巨獸吃掉。

在我們心中，父母的聲音和理性的頭腦不斷打架。即使理性在此時獲勝了，一旦你把大量真槍銀彈投入股市，他們臉上就擺明寫著：「為什麼現在的年輕人就是講不聽，難

道不知道金融海嘯會讓你傾家蕩產嗎？」於是我們這個世代與父母的世代產生了隔閡——我們不懂為什麼父母的理財方法看起來這麼不成熟？父母也不懂為什麼我們總是不乖乖存錢就好？

換位思考

為什麼會有這樣的世代隔閡呢？我也想了很久，而當站在爸媽的角度看自己時，答案顯而易見。

在父母的年代，臺灣股市歷經了大幅下跌，加權指數在 1990 年 2 月 12 日從最高的 12,682 點一路向下狂跌到只剩 2,485 點，這對當時參與股市的人來說根本噩夢一場，即使沒有參與股市，也在那樣的時空背景下多少聽到因為在股市融資、開槓桿而傾家蕩產的例子，以致對股票非常畏懼，認為股市總有一天會讓資產歸零。事實上只要做好股市研究，不做槓桿投資、不融資融券，是很安全的。

那時也不像現在有這麼多網路資源，當年沒有人告訴他們如何研究、篩選股票，如果我活在那樣的年代，可能也會

選擇去買利率看似較高的儲蓄險，而不是把錢投入股市。

到了現在的年代，這樣的隔閡該怎麼處理？我試過讓爸媽轉變心態，但是後來覺得「沒關係，做好自己就好了」，畢竟我們沒辦法逼迫長輩改變原有想法，**上一代做他們覺得對的事，而我們這一代就做好我們覺得對的方法**，重點是，隨著時間變化吸收新知識，才不會被時代淘汰。假如未來出現更棒的投資工具，我們也該持續學習，落實活到老，學到老，才不會被未來的年輕人說「老人家理財觀念不成熟」。

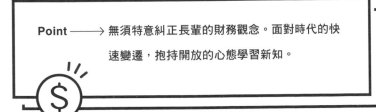

Point ⟶ 無須特意糾正長輩的財務觀念。面對時代的快速變遷，抱持開放的心態學習新知。

為什麼上一代那麼喜歡買儲蓄險？

LESSON ⑫

說到保險，就要講一下臺灣的「保險滲透率」。所謂保險
滲透率是指保費占 GDP 的比率，根據統計，臺灣每人平
均一年會花超過 13 萬元買保險，臺灣的保險滲透率已經
在全球蟬聯 13 年冠軍。

記得剛工作的那段時間，我爸因為要簽一張儲蓄險保單，
找了我從小看到大的保險業務阿姨來家裡。他們聊到一
半，我爸突然問道：「兒子啊，你要不要也買一張？還是
你要幫我繳這張儲蓄險？」那時我已經理解到「保險歸保
險，儲蓄歸儲蓄」，所以二話不說拒絕了我爸。你也遇過
類似情況嗎？

如今我們這個世代會去買儲蓄險的人已經明顯少很多了，
但為什麼明明生活在同個家庭裡，爸爸媽媽、叔叔阿姨都
這麼愛買呢？

保險囤積症

你會發現很多長輩習慣購買大量生活用品，然後囤積在家裡，因為深怕「需要的時候沒得用」，雖然是想以防萬一，其實是過度消費。愛買儲蓄險也是類似心態，之所以買不是真的有需求，而是買一種心安、確定性，畢竟打開銀行帳戶，帳目數字永遠只會變多、不會變少，不像股票等其他投資會有浮動。

為什麼長輩如此沒安全感呢？這多少可以回溯到 2008 年次貸危機和雷曼兄弟破產造成全球金融風暴，我爸一講到儲蓄險必定會提到：「當年雷曼兄弟……金融海嘯……股票基金誰賠得多慘……」當時網路資訊不夠普及，想要投資理財，資訊來源多半只有各金融機構業務員，再加上政府監管不足，許多人拿著幾百萬退休金買了不適合的金融商品，最後血本無歸。

這樣的經濟環境和社會氛圍導致長輩對財務非常沒有安全感，若手頭上有一筆錢，不是放零風險的銀行定存，就是拿去買利率比定存高的儲蓄險，而想買的人只要聽到「利

率比銀行定存高」就會二話不說簽下保單。此外，還有所謂的「人情保單」，常聽到他們說：「啊～因為×××是理專，所以要跟他買一兩張保單做做人情嘛。」

即使儲蓄險帳面好看，又有強迫存錢順便賺點利息的效果，但是我必須說，我和 Dewi 真的沒有很愛買儲蓄險。當然儲蓄險放的時間夠久確實有存錢功能，但要是買多了，例如一個家庭月薪 70％以上都拿去繳保費，會使得家中的月現金流吃緊，甚至可能降低生活品質。

更重要的是，別忘了還有「通貨膨脹」這隻巨獸，你覺得 20 年後 20 萬元的現金購買力會剩下多少呢？真的是當初的 20 萬元嗎？

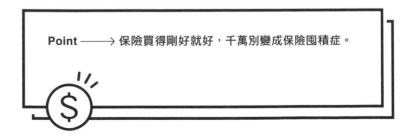

Point ──→ 保險買得剛好就好，千萬別變成保險囤積症。

辦一張信用卡，老爸非常不同意？

LESSON ⑬

「信用卡很危險，你不准辦，去給我退掉！」這是我剛工作辦第一張信用卡時，老爸的激烈反應。

多年前，我去為第一份工作開薪轉戶時遇到一位信用卡業務，聊了一下後他得知我會到竹科上市櫃公司上班，判定我是有還款能力的人，所以推薦我辦信用卡。聽了業務的解說，我得知信用卡會有 1～3％的點數或現金回饋和其他優惠，加上我非常清楚自己是個可以控管消費的人，所以申請了一張信用卡。

正當我開開心心回家向我爸分享這個消息時，卻突然被他臭罵一頓，讓我覺得莫名其妙，心裡也有點不滿：「啊你們都可以辦信用卡，為什麼就我不行？我都已經要上班工作了，也不是小孩子，更不是無腦亂刷卡的人，有必要這麼反對嗎？」

信用卡很邪惡嗎？

隨著時間一個月一個月過去，我爸逐漸理解我不會亂刷信用卡，所有消費也在能力範圍內，於是看淡這件事，再也沒唸過我。幾年後，我回想他為何有如此激烈反應，可能是當年卡債風暴深深烙印在他腦海中，導致他認為信用卡是「邪惡的」。

當時臺灣出現第一張現金卡，取名為「George&Mary」，不僅申辦方便，用臺語諧音唸就像「借錢免利」，很多人誤以為借錢不用還，所以拚命刷卡，最後淪為欠債上百萬、上千萬的卡奴。做父母的當然深怕自己的小孩也變成下一個卡奴，因為卡債問題毀了下半輩子。

時至今日，有些父母仍然反對小孩申請信用卡，儘管出於保護小孩的心態，但換個角度想，我覺得也不要過度保護，我們都已經長大了，必須為自己的消費行為負責。

如果你經常過度消費、衝動購物、分期繳費，甚至只繳最低限額，真的會捲入高利率循環利息。高循環利息不是在

開玩笑的,短時間會讓債務翻倍,此時信用卡就真的很危險了。如果你發現自己辦了信用卡後花錢沒限度,就退一步只用現金吧,畢竟沒現金就無法做任何消費,頂多沒錢買東西,但不會讓你淪為欠一屁股債的卡奴。

如果你能控管消費,物質慾望低,不會隨便買奢侈品、名牌包,每期帳單也如期繳完全額,使用信用卡消費就能累積信用分數,在銀行眼中成為有信用的人,將來買房時會相對容易核貸,核貸成數也不會太低。況且在行動支付的普及下,信用卡能增加生活便利性,特別是網路消費,若沒有信用卡恐怕很難在網路上購物。所以從這些優點來看,信用卡其實是個很棒的金融工具。

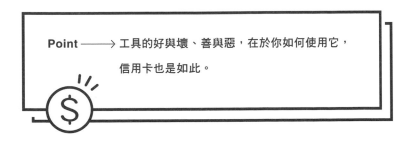

Point ──→ 工具的好與壞、善與惡,在於你如何使用它,信用卡也是如此。

老媽：你美股都賣掉了沒？輸光怎麼辦？

每次回老家，爸媽不外乎關心一下最近過得好不好、工作忙不忙，除了這些基本問題，還會附帶必問考古題：「你手上的美股賣掉了嗎？」我們全家從最老的奶奶一直到爸媽這輩，一致認為股市是賭博場所。他們不用會「投資」來形容買賣股票，而是用「小玩」來形容參與股市。

股票市場投機心態

為什麼我家長輩都說是「小玩」股票，而不是「投資」股票呢？

就我對他們的理解，他們把錢放在股市就像是拿錢「買樂透」，買了就等隔天會不會上漲，漲了便趕快賣掉，心情也會跟著變好。但如果隔天股票大跌，你就會看到他們整天悶悶不樂，飯也吃不下，覺也睡不好，好像隨時有人惹

他們不開心一樣。

總之，他們的心情起伏變得非常大，對於股市的看法自然就是：「拿小錢玩玩就好，跟買樂透一樣，不要花超過 5 萬，全部輸掉就算了，如果運氣好賺到錢就開開心心請大家吃飯！」

因為把買股票當作買樂透，當股票帳面價值上漲就會心癢癢，想立刻獲利了結，深怕煮熟的鴨子要飛了；一旦下跌就會變得極度恐慌，深怕下週股票下市，所以急著賣出。總結來說，無論上漲或下跌都無法長期持有任何一檔股票，最久不超過 10 天，這就是他們一直以來面對股票的心態——好玩就好。

所以當他們聽到新聞在講美股大跌（其實也沒跌很多，大概是道瓊指數跌 5％），立刻想到我有買美股，然後緊張兮兮地問：「你買的股票賣掉了嗎？再不賣掉如果下市怎麼辦？」如果又剛好提到我沒買儲蓄險，他們的口氣會變得很差：「我不是跟你講股票玩玩就好？為什麼要放這麼多錢進去？」

距離更遙遠的美股

如果說買股票已經是「玩玩」性質，那麼買「美國股票」對他們而言就是天方夜譚了，因為存在著「美元兌新臺幣的匯率風險」，況且必須將錢從國內匯到海外，這對於還是很習慣看到現金的上一輩來說無法接受，因為這些錢已經跑到地球另一端的美國了。

再來是語言問題，我自己英文沒有到母語等級那麼厲害，不過至少可以「讀」懂英文，但是這個門檻就讓爸媽難以跨越。我爸現在還是以打電話找營業員的方式買賣股票，那更不可能去投資美股了，難道他要半夜打國際電話到美國找營業員，然後用英文說他要下單嗎？

每當我腦中浮現以上畫面，就能理解為何爸媽總是替我的美股緊張，因為人對於沒做過的事情通常會腦補成「危險」行為。假如你沒跳過高空彈跳，肯定會說從橋跳下去會有生命危險。假如你沒游過泳，肯定會說游泳會溺水死亡。同理，沒有親自投資美股，肯定會說美股危險，甚至有些長輩會說「美金很危險」，因為他們眼中最值得信賴

的還是這 60 年來一直在使用的新臺幣。

當然我一直向他們解釋投資股票就是在投資企業,所以要跟著公司營運一起成長,花個 3、5 年很正常,而且我們持有的是國際型企業,不必過度擔心公司倒閉。假如手上都是可口可樂、麥當勞的股票,它們要隨便倒閉恐怕也不是件簡單的事吧?

每次爸媽聽完後當下似乎能夠理解,也非常認同麥當勞沒這麼容易說倒就倒,但不知為何,每當我隔一兩個月後回家,他們又會開始問我:「你的美股賣掉了嗎?」

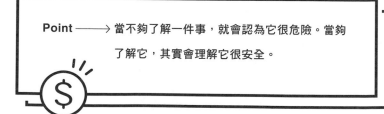

Point ──→ 當不夠了解一件事,就會認為它很危險。當夠了解它,其實會理解它很安全。

有了高學歷，人生就可以高枕無憂嗎？

LESSON ⑮

「書一定要好好念，拿個好文憑，出社會後才能找到好工作、過上好生活。」

「現在好好讀書，以後才能賺大錢。」

「拿到高學歷文憑，下半輩子就會過得很輕鬆。」

「辛苦讀書 10 年，換得一輩子。」

這些話你一定聽過，甚至跟我一樣從小聽到大，但現在高學歷還是賺錢鐵則嗎？你應該知道很多大老闆、成功的企業家不一定有好文憑，Facebook 創辦人祖克柏就沒有正式拿到哈佛畢業證書，但他是個非常厲害的企業家，賺的錢已經超過很多高學歷的人，而且是世界首富等級。

學生時代的學習

從小爸媽就告訴我「好好念書，考上好的大學碩士，以後

才會賺大錢」，因為在父母的年代，高學歷通常伴隨著高薪工作，於是我很認真念書，從國中一路補習到大學，每天從早讀到晚上 10、11 點，非常注重自己的升學成績。說實在的，我並不喜歡這樣的生活，但是為了過上長輩口中的完美人生，我還是為了學業在那 10 年拚了一把。

畢業後，我和 Dewi 拿著自認不錯的碩士學歷去竹科應徵工程師，要說我們因此找到特別好的工作嗎？確實！我們的年薪比一般行業高上不少，不但年薪百萬，還享有非常完好的公司福利，所以在爸媽眼裡我們是成功的科技新貴，最好緊抓著這份工作直到退休。

然而工作了一年後，我們心裡並不是這麼喜歡在竹科的工作。我們需要輪假日班和小夜班，不但工作時間長，工作內容也是高強度，很少看過夕陽跟著我們一起下班，晚上 8 點下班還算是早的了，工作與生活完全失去平衡。確實年薪比一般人高，但這不是我們想要的生活，也沒有感受到長輩說的高學歷能讓下輩子高枕無憂，因為平均一週就有 6 天半的時間都花在工作上，為了高薪工作，我們幾乎失去生活的自由，於是萌生了辭職的念頭……

抱持空杯心態繼續學習

有時宇宙就是這麼神奇，當上帝為你關了一扇門，祂同時會幫你開一扇窗。雖然我們不喜歡那樣的工作型態，但離開就代表瞬間失去百萬年薪，而就在此時，我意外發現其他工作模式與賺錢機會，而且都和學歷無關，比如經營電商、個人品牌，要做這些生意靠的是市場經驗與創新，讓還在竹科上班領薪水的我大開眼界。

事實上，畢業後才是人生的「開始」，高學歷也並不像長輩所說的是個保證，這世界上還有很多需要學習的知識、值得探索的領域，而且這些學校沒教的事，往往是人生下半場最重要的。

雖然不能否認依照現在薪資行情，有個不錯的文憑在一開始找工作時月薪會比別人多 3,000～6,000 元，但是把眼光放遠一點，這只是一開始啊！更重要的是工作要做得開心。當你做得開心，自然就不是為了工作而工作，而是出於一種使命、榮譽，也會格外有成就感，能把工作做到更好，自然有機會獲得更高的薪資與報酬。

所謂的學習，並不是從學校畢業拿到高學歷文憑後就結束了。世界變化很快，抱持空杯心態持續學習新事物比什麼都重要。否則就像最近 10 年網路興起，**沒有跟上時代潮流學習新商業策略的話，無論員工或老闆，很可能就是即將被市場淘汰的那一位。**

在人生下半場，從學校畢業後不只是「結束」，而是「開始」，特別是投資理財領域，此時才正要開始和金錢打交道，未來肯定會有非常多知識等著我們學習。

Point 1 ——→ 學歷不是一切，最重要的是不斷學習。

Point 2 ——→ Facebook 創辦人祖克柏本為哈佛大學肄業，但在 2017 年獲得榮譽法學博士學位。

Chapter. 3

Financial Quotient, FQ

學校沒教的財商知識

思維的貧窮會阻礙你變有錢

LESSON ⑯

你叫過 Foodpanda 或 Uber Eats 嗎？如果你使用過這些平台，應該知道「外送價」比「店內價」平均多出 10～30 元，例如某間便當店賣 100 元的排骨套餐，使用外送服務可能變成 130 元。這個價差使一些人寧可親自出門買或乾脆自己在家煮，深怕常叫外送會造成經濟上的額外負擔，但真的是這樣嗎？

從另一個角度想，偶爾幾餐叫外送雖然會多花幾十元，但省下了出門、備料、煮菜、洗碗盤時間，每天起碼省下 1 小時以上。將這 1 小時用來做更有效的運用可能會賺到更多錢，保守估計多賺 400 元好了，你還會選擇出門買或自己煮嗎？還是必要時來個美食外送呢？

這個問題的表面或許只是選擇時間或金錢，但你的選擇其實攸關你是「窮人思維」還是「富人思維」。

窮人思維 vs. 富人思維

很多人常嚷著「我要賺大錢」、「好想變有錢」，事實上你也知道通常是「說得到做不到」，難道真的是運氣不好、時機不對嗎？這必須從我兩位大學學長的故事說起。

A 和 B 是大我兩屆的系上學長，學長 A 每科幾乎都是低分飛過，有些甚至重修了幾次，最後勉勉強強拿到學士證書；學長 B 在系上成績算是不錯，還是名校研究所畢業，大家都覺得他前途一片光明。兩人的在校表現截然不同，但對未來都有相同目標，就是當個有錢人。經過 8 年的社會歷練，你是不是認為 B 更接近有錢人呢？非常不巧，最後成為人人眼中的有錢人是 A。

故事還沒說完，A 現在是公司負責人，累積了不少財富，更是屬害的私人基金操盤手。而 B 是個每天辛苦幹活的普通職員，收入來源只有公司發的薪水，幾年下來也沒什麼資產。為什麼學歷普普的 A 最後成為富一代呢？

就我對他們的觀察，學長 A 的個性樂觀、喜歡挑戰，不

論遇到任何事，他都認為「會發生的事就是好事」。他對投資理財也十分有概念，將薪水投資在能錢滾錢的資產上，包括房地產、股市，當然也包含自己，只要能讓自己變更好，他都非常願意花錢，因為他知道這些支出只是暫時的，未來會獲得更多財富回報。

學長 B 則是每個月一領到薪水就在想著要去哪裡玩樂度假，從來沒看過他做了哪些和變有錢有關的事。他的社群帳號充滿了各種抱怨文，尤其是抱怨工作。**抱怨是一種限制性思維，會把自己困在負面迴圈裡，每天反覆抱怨，再反覆空想，即使出現好的機運也容易錯失。**

到這裡你應該看得出來，誰只是嘴巴說說，誰是真的身體力行。一般人遇到困難，大多是先抱怨一番：「現在薪水這麼低我要怎麼活？」「為什麼老闆都提拔×××，而不是我？」這些其實是窮人思維。與其煩惱「這個月薪水夠不夠生活」，不如思考如何賺到更多錢；與其想著「每個月薪水怎麼花」，不如將思維提升到「這一年怎麼做對的投資」；如果在公司不受重用，就好好累積實力，自己出來發展事業。

所有事情都是一體兩面，端看你如何想。例如碰到股災，擁有富人思維的人肯定是正面看待，認為這是難得一見的撿便宜時刻；而窮人思維的人看到的只有恐懼，認為股災將為所有人帶來災難性的後果。

當能跳脫貧窮思維，從正面看待眼前的難題，你會發現人生到處是機會，往後面對任何事情時都能帶著嶄新的觀點思考，同一件事情在別人眼中是「困境」，而你看到的卻是「機會」。

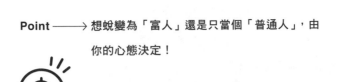

Point ──→ 想蛻變為「富人」還是只當個「普通人」，由你的心態決定！

投資理財的 3 大誤解

LESSON ⑰

建立好「富人心態」後就要進到實際行動的階段——如何投資理財。如此重要的一門人生必修課，卻從未出現在我們從小到大接觸的學科中，導致很多人對這個科目產生誤解，在行動階段有許多盲點。我們就來一起看看常見的三大誤解：

1. 工作穩定，就不需要備用金？

一份穩定的工作是許多人追求的，如果目前工作很穩定，每個月有固定薪資入袋，不時還有獎金進帳，那還需要存緊急備用金嗎？也有人認為，緊急備用金放著也是放著，不如拿來做投資，讓錢滾錢更好。

緊急備用金顧名思義是在緊急時刻備用的，之所以需要準備就是為了應對未知的「風險」，既然都是風險了，又怎

能準確預測何時會發生呢？一般情況下，沒有人會覺得自己即將失去工作，但誰知道隔天會發生什麼事、下個月會發生什麼事，就像 2008 年全球金融風暴，沒人預測到這一天的來臨，很多人就在措手不及下失去工作。失去工作的感受很不好、很沒安全感，所以需要一筆緊急備用金，直到找到下一份工作前仍能維持正常生活，不至於短時間內失去收入而大大影響生活品質。

緊急備用金就像是保命符，必須以「現金」的形式存在，頂多設定成臺幣定存，好讓自己隨時有現金可以使用，千萬不要拿去投資，因為你絕對不知道需要現金的時候是賺錢還是虧損狀態。

2. 薪水不高，何必學投資理財？

或許你認為自己目前的薪水不高，每個月都是賺多少花多少，沒有必要做投資理財，甚至有些人的觀念是薪水夠高才需要做投資理財。這些話看似有點道理，畢竟每個月要有多餘的錢才有辦法做規畫，但實際上答案不是你想的那麼簡單。

月薪 8 萬的工程師，這個薪水不低了吧？相較之下，月薪 3 萬的行政人員，收入明顯少很多，那行政人員就不用學投資理財了嗎？當然不是，行政人員更應該學好投資理財，怎麼說呢？

如果工程師每個月存 10％，每個月可以存 8,000 元；行政人員每個月也存 10％，每個月卻只能存 3,000 元。高薪工程師光是用存錢就能贏過行政人員，那薪水低的行政人員是不是只能靠投資理財來彌補？薪水不高才更該管理錢財，並且做好投資，晚年才有餘裕規畫退休生活。

3. 不學理財，學投資就好？

很多人以為投資和理財是同一件事，其實不是，應該把「投資」和「理財」拆開來看，更準確來說，要把順序對調一下，先學會理財才有資格談投資。

「理財」是指整理所有金錢與資產，所以最基本的理財是清點身上的資產與負債，可以的話也要記下每日花費，才能掌握究竟具有多少「淨資產」。

清點完資產與負債後再理解「投資」。投資必須建立在良好的理財基礎上，有好的理財才能做好的投資，因為所謂好的投資不是單次獲利，而是長期複利。如果沒有建立正確的理財觀念，即使靠投資賺到錢，這筆錢能不能繼續「錢滾錢」就要打上問號了，因為你可能很快就把它拿去花掉了，甚至亂花的錢都比投資賺的還多。

所以，先理財、後投資。順序對了，才能在投資理財之路上走得長長久久；順序錯了，可能一輩子都逃不出「金錢老鼠圈」。

Point ——→ 投資理財是年輕人最重要的人生必修課。

財務自由的 5 大旅程

LESSON ⑱

人人都嚮往的「財務自由」是個熱門議題，你一定對這個詞不陌生。要達成財務自由，必須經歷五大旅程，看完以下步驟後，相信你會有更清晰的輪廓：

Step 1：盤點個人資產與負債——清楚帳目

盤點資產與負債是最基本的理財。如果將個人（或家庭）比喻成一間公司，這間公司許多帳目不清，也沒什麼投資人投資，你覺得原因是什麼？因為看不出公司究竟是「真有錢」還是「假有錢」，是滿坑滿谷的債，還是成千上萬的資產？

再舉個更簡單的例子。某個人開著法拉利，手上戴著勞力士出現在你面前，你覺得他是真有錢還是假有錢呢？假設今天有兩個狀況，狀況 A 是這位仁兄的法拉利是貸款買

來的，勞力士則是靠信用卡分期購入，名下沒有任何房地產、股票，還有一大筆信用卡帳單還未繳清。

狀況 B 則是這位仁兄的法拉利、勞力士都是用現金購買，名下有兩棟已經還完貸款的房地產，還有淨值 5,000 萬的有價證券，信用卡只有當月還沒繳款的微小債務。你說，哪種狀況是真有錢？肯定是狀況 B 對吧！這就是所謂的盤點資產與負債，無論公司或個人都非常重要。

房地產、股票、黃金、債券等屬於資產，房貸、車貸、學貸、信貸、信用卡貸款等則是負債。第一次盤點會花上一些時間，但是一定要做，否則你對自己的財務狀況就像是近視 900 度卻沒戴眼鏡一樣，看什麼都模糊不清；而如果你定期盤點，就會像是看著一臺高解析度的 4K 電視，什麼都看得一清二楚，一眼就能看出自己究竟有多少資產和債務。

小提醒：假設你買了一間 1,000 萬的房地產，有 200 萬是自備款，另外 800 萬是銀行貸款。1,000 萬的房地產就是資產，花掉的 200 萬當然什麼都不算，但別忘了向銀行借的 800 萬房貸屬於負債。所以你會這麼記錄這間房子：「資產：1,000 萬不動產」＋「負債：800 萬房貸」。

Step 2：了解現金流，降低不必要開銷——節流

節流就是省錢，其實省錢要做得好並不容易，很多人不是過度消費就是過度節省，任何事情出現兩極化都不好。

細談省錢之前要先講何謂「現金流」（或稱「現金流向」）。現金流的定義很簡單，錢會從其他地方流進你口袋（或帳戶）的叫「正向現金流」；相反的，錢會從你的口袋（或帳戶）流到其他地方就叫「負向現金流」。所以正向現金流愈多代表財富不斷增加；負向現金流愈多則會讓你遠離財務自由。

節流要做得恰到好處，需要結合現金流和第一旅程的盤點資產與負債，抓出每個月前幾大負向現金流，通常是車貸、房貸、信貸、信用卡債，而需要優先處理的是「信貸」和「信用卡債」，因為這兩項循環利息非常高。

接下來是「車貸」和「房貸」。車貸得看個人需求，你是真的很需要一輛車代步，還是只是想享受開名車的感覺？如果真的需要一輛車代步，一定要是名車和新車嗎？便宜

一點的二手車行不行？這些答案必須問你自己。

至於房貸，買房前要計算房貸償還能力，網路上可以試算貸款金額和還款年限，記得不要讓每個月房貸超過薪水的 30％，如果是雙薪家庭，每個月房貸也不要超過夫妻倆收入總合的 30％，財務才不至於太過緊繃。買房是人生大事，更是長輩認為的大事，但千萬不要為了買房而買房，否則房貸很容易成為最大負向現金流，想要省掉這項開銷恐怕很難了。

解決完幾項比較大的負向現金流後，剩下的通常是日常生活和娛樂開銷，做到基本節流但不破壞生活品質就好，也別忘了拉高儲蓄率，存下更多錢。王永慶先生曾經說過：「你賺的一塊錢不是你的一塊錢，你存的一塊錢才是你的一塊錢。」

Step 3：想辦法增加收入──開源

你應該沒聽過月薪 4 萬的行政人員因為非常會省錢，省到最後變成財務自由吧？節流固然重要，但更重要的其實是

很多人忽略的「開源」。

開源就是在合法情況下盡可能增加收入。增加收入的方法
非常多，每個人適合的賺錢方式也不盡相同，有些人喜歡
業務往來的方式，有些人適合在企業中闖蕩晉升為高階主
管。如果正職收入無法有所突破，別忘了第一章提的不離
職創業，你一定能找到自己真正喜愛，收入又豐厚的第二
份工作。

開源與「承擔風險的能力」息息相關，能承受的風險愈
高，往財務自由前進的速度就會愈快。

Step 4：有效的風險管理——保險

人手上的錢是怎麼來的？肯定是靠雙手辛苦工作賺來的
吧？沒有人希望自己出意外、生重病，所以維持正常生活
非常重要，如此才能持續賺錢、出國旅遊、享受人生。但
是人無法預測未來，所以「保險」顯得格外重要，適當的
保險能成為我們的財務防護網，在邁向財務自由的過程中
擔任極為重要的角色。

建議購買保額和保障充足的定期險就可以了，例如定期壽險、定期意外險、定期癌症險，當發生意外或需要開刀時，這些保險能提供足夠保障，避免短期間大量開支而使財務出現破洞。當然我們不希望動用到這筆錢，繳出去的定期險費用就當作是點光明燈，求一個平安，畢竟一生中最好的保險是「健康」。

另一種是還本型醫療保險，繳出去的保費雖然在 20 年後能全部拿回，但金錢購買力會因為通貨膨脹大幅下降，現在的 100 萬可以買一輛全新轎車，20 年後就很難說買得起什麼了。記得「投資歸投資，保險歸保險」，千萬不要把兩者混為一談，保險是你的財務防護網，不是個用來賺錢和存錢的工具。

Step 5：建立一個系統幫你賺錢──投資

盤點完資產與負債，打造好開源節流的系統，再將這個系統蓋上一層財務防護網後，就來到最後一個旅程。要讓這個系統自動運轉起來，必須學會「投資」，讓錢幫你工作，也就是用錢賺錢。

用錢賺錢的最好方式是美股。美股具有非常大的成長動能和股息成長的特性，長期投資不但可以在價差上獲利，股息收入還會不斷成長，再搭配複利效應，5～10 年後你會發現這個系統已經開始自動運轉了──足夠的股息成為新的「開源」方法，用來做新的「投資」，就這樣無限循環著。你不必注入水（薪資），系統就會自動幫你生出更多水，而當你發現不必再為這個系統添加更多水，人生不用再為金錢煩惱時，你已經達成財務自由了。

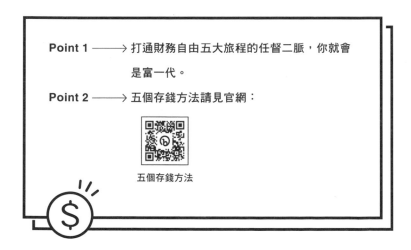

Point 1 ——→ 打通財務自由五大旅程的任督二脈，你就會是富一代。

Point 2 ——→ 五個存錢方法請見官網：

五個存錢方法

超高儲蓄率的真相————【開源】

LESSON ⑲

你是否聽過別人自豪地說：「我每個月儲蓄率都達到 70％以上」，不由自主懷疑自己節儉做得不夠徹底，只有 30％會不會太低？儲蓄率突破 70％當然是件好事，但超高儲蓄率背後的真相是什麼？答案肯定和你想的不一樣。

70%以上儲蓄率，是怎麼辦到的？

月薪 10 萬的工程師主管，儲蓄率 70％，每個月可以存 70,000 元；月薪 3 萬的行政人員，儲蓄率也是 70％，每個月則存下 21,000 元。這麼簡單的數學絕對難不倒你，但你是否發現哪裡怪怪的？

我們再以月薪 10 萬的工程師主管和月薪 3 萬的行政人員為例，這回著重於每月開銷，儲蓄率 70％的工程師主管每個月可花 30,000 元，而同樣 70％儲蓄的行政人員每個

月只有 9,000 元。

	月薪 10 萬的 工程師主管	月薪 3 萬的 行政人員
儲蓄率	70%	70%
每月可存	70,000 元	21,000 元
每月可花	30,000 元	9,000 元

▶ 月薪 10 萬的工程師主管 vs. 月薪 3 萬的行政人員

看到這裡，相信你已經發現超高儲蓄率的盲點了，為了更清楚揭開真相，我們來估算一個人的每月生活基本開銷。先撇除變因最大的房租或房貸，假使不買奢侈品也不亂花錢，人的生活基本開銷會落在一個區間，大概是 10,000 到 30,000 出頭，所以再怎麼節省都有極限。

	較緊的版本	寬鬆版本
飲食（三餐）	6,000 元	18,000 元
水電、電話等	2,000 元	6,000 元
交通	2,000 元	6,000 元
總和	10,000 元	30,000 元

▶ 每月生活基本開銷

節省有極限，開源卻沒上限

經過以上計算，相信你應該知道關鍵不在於省錢技巧有多好，而是賺的錢有多少。即使今天你選擇和家人同住，盡量在家吃飯、不外食，每個月花費不超過 10,000 元真的很難，就算把節儉做到極致，我看每個月花個 6,000 元也是極限了吧？

然而愈是拚命省錢，愈會犧牲生活品質，甚至犧牲人生最大的財富──健康。健康就好比數字 1，其他例如存款、事業、房子則是 0，如果沒有這個「1」，就算後面有再多個「0」也是枉然。所以絕對不要為了節省三餐費用，每天只吃麵包、乾麵這種精緻澱粉，久而久之會對你的身體造成負擔。

再回到超高儲蓄率的話題，究竟 70％以上儲蓄率是怎麼辦到的呢？其實就是增加每個月賺進來的錢。有沒有發現我用的是「賺進來的錢」而不是「月薪」。因為月薪是掌控在雇主手上，他要不要幫你調薪、發給你多少獎金，不是你可以控制的，但「賺進來的錢」是不是就沒有這個限

制呢？

賺錢和開源沒有天花板，日常開銷若抓在平均值的 2.5 萬，一個月賺到 10 萬、20 萬、100 萬的人，儲蓄率分別高達 75％、87.5％、97.5％。所以非常鼓勵你多多開源，只要是合法的賺錢管道都可以去試試看，你會發現你也能做到 70％ 的儲蓄率！

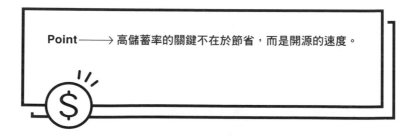

Point──→ 高儲蓄率的關鍵不在於節省，而是開源的速度。

不可能的三位一體──【開源】

LESSON ⑳

總體經濟學中有個原則叫「不可能的三位一體」（Impossible Trinity），又稱「不可能的三頭馬車」、「不可能的三角」或「三元悖論」（Mundellian Trilemma），指一個國家不可能同時達成「資本自由進出、固定匯率、貨幣政策獨立」三者，只能三選二，如果想三項兼顧，就會變成三個都做不好。

從右圖來看，如果想同時達成資本自由進出和固定匯率，那麼貨幣政策就容易沒有獨立性，如圖中「a」的位置。如果想同時達成資本自由進出和貨幣政策獨立，就會產生浮動匯率，如圖中「b」的位置。而如果想同時達成固定匯率和貨幣政策獨立，資本自由進出就會受到管制，如圖中「c」的位置。

慢富：慢慢成為富一代，快快過上自由生活

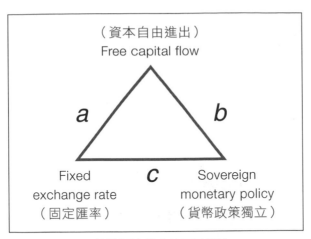

▶ 總體經濟學中的三元悖論

總體經濟學中的三元悖論或許有點難理解，但是將這個概念放在工作和投資，相信你很快就能理解其中道理了。

工作上的三元悖論

在工作上也有所謂的三元悖論，怎麼說呢？

如果你是一位公司老闆，正在找員工，你最在意的三點應該是「快速、便宜、品質高」吧？就拿這三點分別當作三個圓圈：如果你想找個做事快又便宜的員工，勢必會換來

品質差的結果。如果你想要工作效率高，品質又好的員工，想必他的薪資不低。再換個角度，如果你想找到「便宜又大碗」的員工，薪水低，品質又好，可能要在市場上等等看能否遇到這樣的人才，還必須考量到他的工作效率可能不高。

如果想在這三個圓圈中找到交集，同時找到「快速、便宜、品質高」的員工恐怕是難上加難，因為這三者可以說是無法兼顧的。

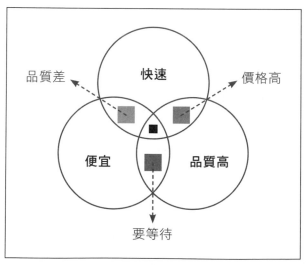

▶ 工作上的三元悖論

　　　　　　　　慢富：慢慢成為富一代，快快過上自由生活

投資上的三元悖論

看完關於工作的三元悖論後，現在來看看投資上是否也有三元悖論。

我們同樣拿出三個圈圈，但是把圈圈內容換成「低風險、高報酬、短時間」。如果想同時達成低風險和高報酬，有沒有這個方法？當然有，你必須做長期的價值投資或存股，缺點是無法短期看到好的成效。如果想要風險低，短時間又能看到投資成效的話，很抱歉，那就只有每個人都想得到的方法：定存。再換個想法，如果想在短時間獲得高報酬的話有沒有辦法？當然也有，你必須承擔高風險的投資，比如槓桿、期貨、加密貨幣之類的投資商品。

看到這裡，相信你對正中央的交集處最好奇，畢竟這是個非常誘人的地方，能低風險又快速賺大錢不是很好嗎！事情當然沒這麼單純，如果你在任何廣告或私訊看到強調「低風險、高報酬、短時間」的投資項目，必須提高警覺，因為很可能是詐騙，別被貪婪的心給拉走了。

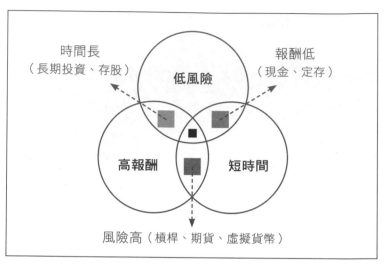

時間長
（長期投資、存股）

報酬低
（現金、定存）

低風險

高報酬　　　短時間

風險高（槓桿、期貨、虛擬貨幣）

▶ 投資上的三元悖論

不過，也不能說完全無法在三個圓圈中找到交集，如果靠本業或副業賺錢也算是一種投資的話，每個月的收入其實正是個低風險、短時間的高報酬投資。

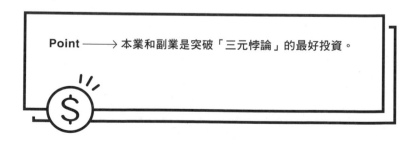

Point ──→ 本業和副業是突破「三元悖論」的最好投資。

　　　　　　慢富：慢慢成為富一代，快快過上自由生活

賺錢頻率與快樂指數————【開源】

LESSON ㉑

回想還在竹科當工程師的時候，雖然每天工作多少有些倦怠與無奈，可是就特別有那麼一天，不管發生什麼事，似乎都能用無限的愛與包容度過，那就是每個月最開心的日子——月初領薪水的那一天。除了每個月的領薪日，還有年終、端午、中秋三節獎金，以及園區的分紅獎金。

每當這些日子快要到時總是令人非常期待，工作效率與開心程度都特別高，真巴不得每天都有這麼開心領錢的感覺，不知道你是否也感同身受？

每天都有錢賺，每天都很快樂

假設一份月薪 6 萬的工作有兩種領薪方式，一種是月領 6 萬，另一種是日領 2,000（每個月以 30 天計算，月薪也是 6 萬），你會選擇哪一種？

你或許會覺得有什麼好選的，不是都一樣嗎？但如果是我，我會選擇「每天領 2,000 元」，因為比起一個月領一次月薪，每天都領到一些薪水會讓我更快樂。賺錢就是為了「快樂」，而賺錢與快樂是一種正相關，所以賺錢和領錢頻率愈高，人就會愈快樂。

相反的，如果把賺錢頻率下降到最低，老闆規定「一年只能領一次年薪 72 萬」，這種領薪方式你應該不會接受吧？更何況如果找到一份不適合自己的工作，做 3 個月就打定主意要離職了，哪等得到工作滿一整年再一次領一年份的薪水呢？

提高賺錢動力，讓自己更快樂

一般人大多只有薪資這項收入來源，每個月只有一天可以領到薪水，要從賺錢獲得快樂感不太容易，但是額外的被動收入、股息收入就能提高賺錢頻率、增加快樂感，你想嘗試看看嗎？

我和 Dewi 剛出社會時，收入來源也只有薪資收入，頂多

加上公司發獎金或發票中獎。但隨著不斷建立各項被動收入，除了薪資收入，還有各家公司的股息收入和其他被動收入，每個月銀行帳戶入帳的日子就不只一次，有時甚至連續好幾天。即使某些收入金額不高，每次可能只有幾百到幾千元，短期來看不如月薪高，但賺錢頻率的提升使我們變得更快樂，也更有賺錢動力。

後面章節也會提到，很多被動收入都能提高頻率和累積金額，特別是投資和副業，只要在適合的領域下工夫，一開始或許只是偶爾多賺幾百元，隨著金額和頻率上升，一個月當中便會收到好幾次收入，漸漸的在賺錢中找到樂趣和成就感，感受到富一代的賺錢動力與快樂。

Point ⟶ 快樂感不單單取決於賺到的金額，也與領錢的頻率有很大關係。

金錢溫度與財富容器————【開源】

LESSON ㉒

這世界上每個人的財富落差很大，相信你也很納悶為什麼有人賺錢特別多，有人存錢特別快，即使同一科系、同樣優秀的畢業生出社會工作後也不盡相同，究竟是什麼造就出賺錢與存錢速度的不同呢？

就像人的心中都有一把「尺」，每個人也有適合自己的「金錢溫度」與「財富容器」，賺錢並不是愈多愈好，存錢速度也不是愈快愈好。而當意識到自己處在不對的溫度與容器時，就該適當做些調整，找到適合且舒服的金錢環境。

金錢溫度

「金錢溫度」顯示的是一個人的賺錢速度與多寡。當我們發現賺錢速度比平常快時，就會不自覺地停下腳步；相反的，當賺錢速度比平常慢時就會加緊腳步，加快賺錢速

度，以達到心中預期的數目。

舉個例子，假設一個人的金錢溫度顯示「每年賺 50 萬」，當他某年賺到快 50 萬年薪時，心裡就會覺得「夠了，我今年賺的差不多了」，於是放慢腳步，不再積極賺錢。相反的，當某一年賺超過 100 萬，他心裡便會覺得「我這一年賺太多了，明年少賺一點沒關係」。這個金錢溫度使他的每年年薪穩定維持在 50 萬上下。

再假設另一個人年薪達到 300 萬，你可能覺得他已經賺很多了對不對？相信看過上面的例子後，這裡你可以舉一反三。如果他的金錢溫度是「每年賺 500 萬」，那麼 300 萬對他而言完全不及格，因為比起 500 萬就是硬生生少了 200 萬，所以他會更積極投入工作來彌補這些差額，以符合心中的金錢溫度。

財富容器

除了金錢溫度以外，**還有「財富容器」，這會影響一個人的存錢速度與多寡。**

人就像一隻金魚住在魚缸裡，而錢就是魚缸裡的水，有人覺得自己適合迷你缸、水族箱，有人則覺得自己適合大型水族箱或水庫，當然，想住在什麼容器可以自己決定，取決於個人對金錢的看法。像我就很喜歡住在大型水族箱或水庫裡，因為大容器有個好處，容量本身很大，自然裝得下很多水，等於可以輕鬆、容易地把賺到的錢存下來，不會讓水（錢）從容器中溢出。

舉個簡單的例子，如果一個人的目標是「一生至少存到5,000 萬」，他的財富容器大概有 5,000 萬那麼大，無論從什麼管道賺到錢，包括薪資、投資、中獎的錢，他都非常願意存下來，直到財富容器被填滿為止。

但也有另一個可能，如果一個人的財富容器只有「存到10 萬」，願意住在一個非常迷你的小魚缸裡，那麼即使他的年薪上看 500 萬，甚至中了 1,000 萬的樂透彩，對他而言都是多餘的，他會盡可能把這些錢花掉，就像容量只有500cc 的迷你小魚缸，如果一次倒入 5 公升的水，多出來的就是沒辦法透過容器存下來，勢必會因為容量不足而滿出來。

找到適合的金錢溫度與財富容器

看到這裡，你可能會覺得金錢溫度愈高愈好，財富容器也是愈大愈好，最好和水庫一樣大，但真的是這樣嗎？我認為每個人都有屬於自己的溫度與容器，絕對不是愈高愈好、愈大愈好。

如果今天你是一隻金魚，你會希望金錢溫度多高？肯定不是沸騰的攝氏 100 度吧！這樣要怎麼活呢？那你會希望財富容器多大呢？應該不會是一座超大型水庫吧？大型水庫雖然可以存到非常多的錢，但怎麼感覺對一隻金魚來說格外空虛和孤獨。相反的，如果你發現自己不是金魚而是水庫中的大活魚，水族箱肯定也不適合你。所以一定要找到適合自己的財富容器，或許是一個中型水族箱，裡面擺一些水草、造景、氧氣循環系統，這樣的大小生活起來對你來說才最舒適。

所以說，如果今天「年賺 500 萬」也有著「5 億的財富容器」，聽起來很好對吧？當然不見得，因為這樣的生活或許不是你想要的，可能工作壓力過大，也可能缺乏屬於自

己的時間。況且當金錢累積到一定程度後，往往會轉為追求物質以外的東西，有的人追求自我實現的價值，有的人追求與家人的愛，不管是什麼，都無法直接用錢買到。

當然，如果目前你的金錢溫度過低，財富容器也過小，很顯然要提高溫度，換到更大的容器，否則一條水庫中的活魚要怎麼在水族箱裡生活呢？但記得，並不是所有東西都是愈多愈好、愈大愈好，覺察屬於自己的居住環境，找到適合且舒服的金錢溫度與財富容器才是最好的答案。

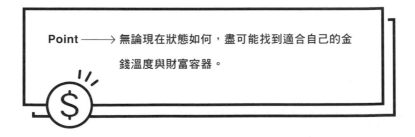

Point ⟶ 無論現在狀態如何，盡可能找到適合自己的金錢溫度與財富容器。

比日常節流更重要的事————【節流】＋【投資】

LESSON ㉓

這個世代的年輕人普遍面臨一個重大問題——房價高居不下。先別說想當包租公、包租婆，要買下一間自住的房子都不是那麼容易。一間房子少說要 300 萬以上頭期款，如果想買坪數大或比較好的社區，上千萬都跑不掉，如果沒有繼承家產也沒有長輩的奧援，要在出社會幾年後就買下一間自住的房子實在不容易。此時不免遭來長輩的碎唸：「你要再省一點啊，每天都去便利商店買咖啡，以後哪有錢買房子！」

你覺得一個人可以買房是因為他特別會賺錢，還是特別會省錢呢？每個月基本生活開銷都需要一定的花費，儘管日常生活的各項環節都竭盡所能地節省支出，一個月能省到只花 5,000 元就已經非常厲害了，但即使如此，一年下來不過存到 6 萬元，10 年下來也就 60 萬，但人生又有幾個10 年呢？

10 年的咖啡費用

假如你每天會去便利商店買咖啡，每天的咖啡花費是 50 元；反之，一個月不喝咖啡可以省下 1,500 元，一年能省下 18,000 元。每年省下 18,000 元，乍看之下金額不少，但先別急著下結論，我們再從其他面向來看看。

先從「賺錢」的角度，如果每天喝咖啡可以幫助你提神，讓工作效率、業績提升的話，我認為這筆錢不該省，因為 1,500 元的咖啡錢很可能為你帶來超過 3,000 元的加薪幅度，甚至每個月額外帶來上萬元的收入。

再從「投資」的角度，無論股票、加密貨幣、ETF、黃金都好，投資 20 萬不算多吧？好的投資決策能讓你賺到錢，當然很值得開心，但如果一時情緒導致做出錯的投資決策，少一點虧損 1 萬，多一點甚至虧損將近 100％。如果是 100％虧損，20 萬都可以喝 10 年咖啡了。

所以很現實的問題出現了：省錢重不重要？肯定重要，但還有比省錢更重要的兩件事，就是「賺錢速度」與「對的

投資決策」。

持續做對的決策

分辨一位投資人厲不厲害，不是看他短期投資報酬率高不高，而是有沒有具備「持續不出錯的能力」。投資的世界很特別，今天你做了錯的投資決策，卻可能得到好的結果，反而賺了一大筆錢；相反的，當你做了對的投資決策，卻也可能招致難以接受的結果，損失掉一筆錢。從結果來看，你或許覺得「能賺錢就是好方法」，但事實上要持續做對的投資決策，怎麼說呢？

所謂「對的投資決策」就像是持續做價值投資，「錯的投資決策」就像是在市場上尋找報酬率超過 100 倍的飆股。價值投資雖然無法短期內 100％賺錢，但是長期下來能不斷滾大財富，即使虧損，錢變少的幅度也不會太大。相較之下，找到一支飆股確實可能讓資產翻 100 倍，瞬間變富有，但哪怕就只有一次，它將使你的資產瞬間歸零。

投資賺錢並不是一天兩天的事，而是一輩子的事，學會堅

持一輩子都做對的投資決策非常重要，財富才能慢慢累積起來。從另一個角度看，永遠不要做錯的投資決策，一個重大失誤會讓你瞬間變窮，絕對比每天省下咖啡錢還重要太多了。

這就好比過馬路，看到綠燈再過馬路是對的決策，闖紅燈很明顯是錯的決策，能安全通過馬路需要遵守交通規則無數次；而闖紅燈哪怕是只有一次運氣不好，都可能是釀成危及生命的一場車禍。

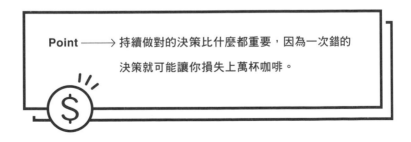

Point ──→ 持續做對的決策比什麼都重要，因為一次錯的
決策就可能讓你損失上萬杯咖啡。

時間富翁─────【開源】＋【投資】

LESSON ㉔

當人長期處於某項資源稀缺的狀態，大腦的認知與判斷能力就會受到影響，變得特別想占有那項獨特資源。如果今天你非常缺錢，甚至欠了一大筆債務，大腦就會特別重視「金錢」這項資源，這時叫你不要省小錢、精打細算，你肯定聽不進去。相反的，如果今天你得知生命即將在一個月後結束，大腦就會特別注重「時間」，此時賺錢、投資、儲蓄都變得毫無意義，因為時間對你而言更珍貴。

時間和金錢到底哪個比較重要？也許沒有正確答案，但我相信，時間在某些時候絕對比你想的更值錢。

時間比你想的更值錢

假設今天有個任務是買一杯綠茶，而你眼前有兩家一樣好喝的綠茶，A 店完全不用排隊，馬上買得到，一杯要價

40 元；B 店生意很好，需要排隊半小時以上，但是一杯 30 元，可以省下 10 元。你會選擇多花半小時買比較便宜的綠茶，還是多花 10 元立刻買到一杯綠茶呢？

有些人會選擇排隊，畢竟眼前這杯綠茶就是硬生生比隔壁店貴了 10 元，反正時間也多，花點時間換取 10 元價差也不錯。而有些人會選擇不排隊，因為排隊半小時只省下 10 元，換算成時薪不過也才 20 元，所以寧願多花 10 元在這杯綠茶上。

或許還年輕的你只看到一杯綠茶的價差，沒有看到所謂的「時間價值」，畢竟在剩餘的 60 年生命裡少掉半小時似乎沒什麼，就像 1,000 萬花掉 100 塊一樣，花起來一點感覺都沒有。但假設你知道自己每小時可以創造出 1,000 元的價值，你會非常願意多花 10 元買下半小時的排隊時間，因為時間就是財富。

隨著知識累積與賺錢能力提升，你一定會發現時間比想像中還要值錢，因為時間不像金錢一樣可以變多或變少，在時間軸上只有一個方向，時間永遠只會變少，不會變多。

你是時間富翁

假設一條線的兩端分別代表年輕人與老年人，這條線就會是「單行道」，在這條線上我們只能向前走，無法走回頭路，我們只會從年輕人變成老年人，無法返老還童。

年輕人剛出社會時身上的錢或許不多，但卻有個極大優勢——**每一位年輕人都是「時間富翁」，全都比自己爸爸媽媽、阿公阿嬤有著更多的時間籌碼**，從時間的角度來看，你確實比他們富有非常非常多。

雖說時間是年輕人的優勢，但時間是不可逆的，隨著時間不斷向前走，手上的時間籌碼只會愈來愈少，有一天我們就不再是時間富翁。

這個世界非常有趣，每個人都曾經是個「時間富翁」，但是到最後並不是每個人都會轉變成為「金錢富翁」，如果在這段從「年輕人」變成「老年人」的路上，沒有將時間轉換成為金錢，那麼失去的時間就真的失去了，最後非常可能變成沒錢又沒時間的老人。

▶ 每個年輕人都是時間富翁

在這條時間單行道上，趁我們還是時間富翁時，要更重視自己的時間價值，盡可能有效地將時間轉換成為金錢，打造副業、建立被動收入、進行長期投資都好，不要浪費一出生就有的優勢，年老後才能蛻變成真正的金錢富翁，在這個世界享受著一切美好的事物。

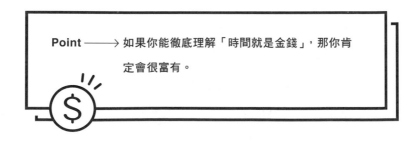

Point ──▶ 如果你能徹底理解「時間就是金錢」，那你肯定會很富有。

用小錢買時間———【投資】

LESSON ㉕

金錢和時間是我們擁有的兩項資源。金錢可多可少，取決於如何賺、多會賺。而時間就不一樣了，現在你知道時間其實非常珍貴，但每個人的時間只會不斷變少，不可能變多，那究竟怎麼做才不會浪費寶貴的時間資源，甚至獲得更多的時間呢？

少花幾百元真的值得嗎？

人在購買商品或服務時很容易落入價格陷阱，不由自主選擇比較便宜的選項，但這樣的省錢真的好嗎？

先來說說發生在我高中考大學時的故事。新竹人的我，當時要到臺南成功大學參加一早 9 點開始的筆試。還是小夥子的我，很多事情主要是由父母安排，特別是需要付費的交通和住宿。我爸比較了高鐵和客運後，發現高鐵的一

人單趟費用比客運貴了 500 元左右，一趟交通費就差了 2,000 元，節儉的他於是決定父子倆一起坐半夜 3 點的客運夜車南下。

到了考前一晚，我因為緊張難以入眠，搭上客運後也無法入睡，就這樣一路在高速公路上看著天色從暗到亮，幾乎徹夜未眠。每個人都考過試，考試最怕的就是身體不適、精神不濟，雖然最後我仍以正取最後一名考取成大，但我開始意識到很多事情不能單看價錢，必須思考「多花幾百元可以帶來什麼正面影響」。

同樣例子還有很多，例如家用網路要選擇哪個方案、要不要付費訂閱 Netflix 等等。有些家庭為了省網路月租費，選擇價格低、網速慢的方案，但是如果這個家中有人在做網路相關接案或副業呢？或許原本只要 20 分鐘就能上傳好的檔案，礙於網速過慢，必須上傳 10 小時，而這 10 小時中如果遇到電腦休眠或網路中斷又得重新來一次，不是很不划算嗎？

再來說說 Netflix 的例子，雖然它是娛樂商品，但如果真

的有需求，付一點訂閱費可以省下很多時間。有些人為了省這筆錢，選擇找免費影片來看，先不講版權問題，當你找到片源，通常訂閱者也看完影片了，而你的電腦說不定已經中毒了。

金錢最大的實質價值

再換個角度想，你認為金錢帶來的價值是什麼？通常我們想到的是 150 元買一杯星巴克、100 萬元買一輛汽車、2,000 萬元買一棟房子等等，但這只是金錢可以兌換的物質，並不是金錢帶給我們的最大實質價值。試想看看，如果你有非常足夠的錢，你還會找個每天需要上班 8～12 小時的工作嗎？你還會規定自己每天要朝九晚五待在公司上班嗎？應該不會吧？**金錢賦予我們的最大實質價值，就是時間自由與彈性。**

延續前面的例子，如果你正在經營網路事業，可以的話，每個月多花幾百塊提升網速吧！不但能省下非常多時間，讓你獲得時間自由，將這些時間用來休息或經營其他副業也算是一種投資，你說這樣的錢是不是該花呢？

常聽到一些人說：「哪有這麼多時間處理某某事？」「哪有這麼多時間去學投資理財？」真的是沒有時間嗎？還是落入價格陷阱了呢？寶貴的時間要用來開源與投資，特別是開源，無論主業或副業都必須靠雙手和時間堆砌出來，沒有時間的話又要怎麼賺來投資的第一桶金呢？

Point ⟶ 不是什麼錢都該省，花小錢買時間非常值得。

與風險打交道——【投資】

LESSON ㉖

什麼是風險？風險在很多人眼中代表失敗與虧損，但真正的風險卻有著不一樣的解釋。風險通常是由多個因素構成，就如「高風險高報酬」這句話，它會帶來財務損失，也可能創造極大獲利。所以真正的風險是「不確定性」，不一定只帶來不好的結果，有時會給予你意外的驚喜。

富人可以消化的情緒：失落感

韓劇《小女子》中，女主角和經商成功的姑婆有段對話，我覺得姑婆講得非常有深度。她是這麼敘述「風險」的：

姑　婆：「資本主義就是場心理戰，有一種情緒富人消化
　　　　得了，窮人卻難以克服。」

女主角：「什麼情緒？」

姑　婆：「失落感。有能力承受失去，才有辦法賺大錢，

因為贏家往往能比輸家承擔更多風險。」

這段話的意思是，如果你能承受一定程度的時間或財務損失，下一次獲得成功的機會就會變高。

想變得富有就必須和風險打交道。看看《富比士》（Forbes）全球富豪榜，每位富人都持有大量股票，不管是經營事業持有自己公司股份，又或像巴菲特是持有他人公司股票，這不就是時時刻刻在和風險打交道嗎？即使面臨資產可能隨時縮水的風險，他們仍然選擇面對與承擔，因為愈有能力承擔風險，愈有機會收到巨額報酬。

近無風險 vs. 有風險

如果將風險的概念放在工作上，就像是「公職vs.創業」。也許你會選擇收入穩定也不易失業的公職工作，相較之下創業風險大，有機會賺大錢，也可能經商失敗，努力了10年一點積蓄也沒有。

但如果你沒有必須立即還清的債務，也存了1年以上緊急

預備金，建議你嘗試不離職創業。**不離職創業在前面已經提過多次，這裡的意義是「為你分擔更多風險」。**你還有一份正職工作，萬一不幸創業失敗，時間與財務損失非常有限；然而一旦成功了，你很可能賺大錢，這就是韓劇《小女子》中姑婆說的：「有能力承受失去，才有辦法賺大錢，因為贏家往往能比輸家承擔更多風險。」

將風險放在投資上，就像是「銀行定存 vs. 投資股票」。銀行定存看似接近零風險，只要持續把錢放著，帳戶數目只會愈來愈大，不可能變少，但它不可能讓你變有錢，因為這種做法無疑是拒絕和風險往來。

相反的，投資股票就是在和風險打交道，持有股票的期間會遇到有些股票下市，有些讓你賺 10 倍，每天看證券戶淨值數目忽大忽小，有時比剛存進去的錢少，有時又多很多，但是你會不想和這樣的風險打交道嗎？應該不會吧？

增加承擔風險的能力

雖說「贏家往往能比輸家承擔更多風險」，但不要誤以為

任何風險他們都去承受，事實上贏家和有錢人是經過仔細評估才選擇承擔風險，而且是「可承擔的風險」。

每個人可承擔的風險不同，有的人投資一檔股票所能承擔的最大風險是損失 10 萬，但也有人是 100 萬。可承擔的風險會因個人經濟狀況和收入有所不同，比如以損失總財產的 5% 來說，A 的 5% 只有 10 萬，B 的 5% 卻有 100 萬，B 的可承擔風險就比 A 高上不少。

我們要慢慢提升「可承擔風險的能力」，在同樣損失淨資產 5% 的情況下調高絕對值，也許 25 歲只能承擔 1 萬元的風險，到了 35 歲因為收入或淨資產總值增加，可承擔更高的風險。隨著可承擔的風險提高，久而久之便能在這場資本主義心理戰中獲勝，成為名副其實的富一代。

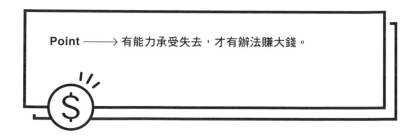

Point ——→ 有能力承受失去，才有辦法賺大錢。

愈來愈多人重視被動收入————【投資】

LESSON ㉗

現在除了財務自由外，另一個同樣火紅的名詞叫「被動收入」，愈來愈多人在談論它。既然有被動收入就有主動收入，但是你分得清楚兩者的差別嗎？

一般人的主要收入是薪資收入，而薪資收入需要靠每天的時間與勞力維持，如果某天不在工作崗位上就沒辦法得到相對應的收入，這種就叫「主動收入」，必須「主動」用時間與勞力換取酬勞。而「被動收入」之所以稱為「被動」，是因為一旦建立好這項收入來源，它會以相對被動的型態呈現，不需要每天花太多時間和努力也能得到收入，即使離開工作崗位，收入依然會持續進到帳戶。

為什麼需要被動收入？

除了上面的比較，主動收入和被動收入還有一個非常大的

差異。雖然主動收入會隨著付出的時間與勞力成長，做得愈多，收入就愈多，但每個人一天的時間有限，這樣的收入頂多呈現線性成長，而且很容易達到上限。

相反的，被動收入能以指數成長的型態來累積，一旦建立好一個被動收入，不必花大量時間與力氣維持，能將時間用來建立下一個與下下一個被動收入。就像是收房租，當你有一間收租的房子，每個月就有 2 萬元的被動收入；而當你有五間收租的房子，每個月便擁有超過 10 萬元的被動收入，但你需要每天做 5 倍工作量嗎？好像也不會嘛，反而能用更少時間和心力得到比薪資收入高很多的報酬。

所以，**建立被動收入除了可以賺到比較多的錢，更重要的是大大增加「承擔風險的能力」**。一份需要付出時間與勞力的工作可以做多久？做到退休年齡 65 歲算久了吧？那樣的年紀已經無法像過去一樣付出龐大時間和勞力換取金錢，得到的主動收入只會愈來愈少，所以被動收入是絕對必要的。如果哪天突然遭遇裁員或意外，被動收入就像是流動性的緊急備用金，你不必動用到真正的緊急預備金，因為暫時還有額外收入維持正常生活。

被動收入 3 大類型

被動收入項目這麼多，要從哪裡認識起會比較好呢？最常見的有三種，分別是房租類型、金融類型、網路類型。

第一種「房租類型」，將非自己居住的空屋租給他人使用以得到房租收入，顧名思義就是當包租公、包族婆，這是所有被動收入裡數一數二好的類型，但門檻相對較高，尤其要剛出社會的年輕人擁有一間以上空屋更是不容易，所以收房租並不是每個人在初期就能建立起來的項目。

第二種「金融類型」，只要是金融相關產品都有機會產生這類型的被動收入，其中最具代表性的就是「股票股息」。其實股息是這世界上最輕鬆的被動收入，因為被動程度非常高，只要持有一些公司股票就能領到股息收入，不用花半點時間和力氣，就像定存一樣。

第三種「網路類型」就很多元了，包括聯盟行銷、數位廣告收入、線上課程販售等等，可以靠軟體和程式做 24 小時自動化運作，進而達到被動收入的效果。

從小累積到大

不論哪種被動收入都是從小數目慢慢累積到大金額，它是一種是累積的過程。以股票股息為例，起步時的本金通常不大，每年得到的被動收入可能低於 1,000 元，但千萬別小看這點錢，當你再另外累積九個 1,000 元後，每年總共會有 1 萬元的被動收入。

正因為很多人都看不起這一丁點的金額而選擇忽略或放棄，反倒是堅持到最後的人，不僅累積了多項被動收入而增加承擔風險的能力，順帶的也慢慢減少主動收入，改去做自己熱愛的事情了。

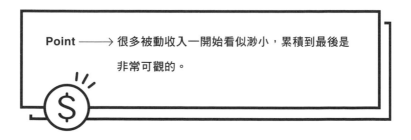

Point ──→ 很多被動收入一開始看似渺小，累積到最後是非常可觀的。

被動收入的殘酷真相————【投資】

LESSON ㉘

人無法靠主動收入過一輩子，所以被動收入愈來愈受到重視。想想年邁的你無須再付出時間與勞力，依然有持續性的收入進到銀行帳戶，就像坐在沙發上數錢一樣。但這種喜悅的背後卻有個殘酷的真相，那就是建立與維持一項被動收入一點都不容易。

初期大量付出

從結果來看，如果建立被動收入容易到有如喝水，誰都能完成，那每個人年老時都不會有經濟上的困擾才對，但事實並非如此，很多人年紀大了卻完全沒有收入支撐生活。

先拿最常見的「房租類型」為例，收房租的前提是擁有一棟房子或套房，但現在很多人光是自己的房子都不一定能在退休前繳完貸款，更不用說要拿出第二間房子來收房租

了，所以這個項目的最大困難點在於「本金」。

再拿「網路類型」來說，通常資金不太會是個問題，因為每個人都有免費的社群帳號，隨時可以透過社群平台創作內容，就算是自己架設網站，每個月也不用花超過 500 元，那麼困難點是什麼？最大問題是「時間」。因為初期必須花費大量時間產出內容與宣傳，快一點的話 3 個月後會收到第一筆收入，慢一點則需要半年以上，也就是前期必須度過完全沒有任何收入的日子，很多人都無法熬過這關。

維持與維護

要建立被動收入不容易沒錯，那建立好後就可以「一勞永逸」，舒舒服服躺在沙發上數錢嗎？當然不是，每一項被動收入建立好後都必須花額外時間與心力維持，說得更明確一點，**被動收入其實不是 100% 被動，而且在不同人身上也會展現出不同的被動性質。**

以房租類型來說，已經算是偏輕鬆的被動收入了，被動

程度為 80～95％，但仍然會遇到修繕、合約、退租等問題，或是換租給下一位租客前必須把房子整理乾淨，並不是建立好後就只領錢不做任何事。

再以網路類型來說，假設選擇經營網站，可以做 24 小時自動化營運，聽起來似乎不錯，但是你覺得可以從此不用理它，收入仍然源源不絕嗎？當然也不是，經營網站的被動性其實只有 50～60％，必須花時間和心力更新內容才能維持收入。

被動收入類型	被動性質	描述
房租類型	80～95%	偶爾需要處理修繕、合約、退租等問題，但整體被動性質偏高。
金融類型	95～99%	以股票股息為例，只要有資本就可以投入，也不用花太多時間維護，被動性質最高。
網路類型	50～60%	需要大量曝光與產出新內容，被動性質相較於前兩者低。

▶ 被動收入 3 大類型比較

不過值得慶幸的是，金融類型的股票股息就是被動性質非常高的被動收入（第四章會提到更多），只要買進體質良好的股票，偶爾檢視公司財務體質，時間到了就會領到股息，你說這是不是一項很棒的被動收入呢？

一般人對被動收入的幻想

很多人把被動收入理解成「只要建立好一個，就可以在家躺著領無限的錢，過上財務自由的好日子」。但還有個更殘酷的事實：**一個被動收入不會讓你財務自由、永遠不用工作！**

如果一項被動收入可以帶來每個月 2 萬元的現金流，你說這金額高不高？應該滿高的吧？可是要說它能讓你進到財務自由的階段嗎？好像又不行……所以達到財務自由需要建立多個被動收入，一方面是透過多元管道累積金額，另一方面是分散不同收入來源。

很多人聽到這裡就覺得財務自由的門檻極高，因為建立多種被動收入來源一點都不簡單。建議你以提高生活品質的

觀點思考，門檻就會降低不少，試著先從累積股息開始，再慢慢往不離職創業、收房租邁進。起初或許只能改善一點點生活品質，但隨著時間累積，被動收入的項目與金額會愈來愈多，離財務自由也愈來愈近。

開始建立「多個」被動收入就能「慢慢」接近財務自由，慢下來並勇於嘗試，會讓你更快達成目標。

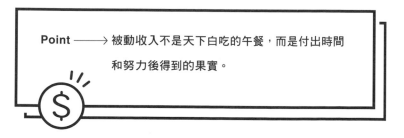

Point ——→ 被動收入不是天下白吃的午餐，而是付出時間和努力後得到的果實。

只有適合你的金融商品————【投資】

LESSON ㉙

投資工具百百種，相信你聽過很多，有股票、ETF、權證、選擇權、加密貨幣、合約交易、房地產、REITs（不動產投資信託證券）等等，每種工具都有各自的金融特性，例如選擇權很注重時間和方向，加密貨幣很注重消息和技術分析，ETF 則是注重分散程度和成分股。

這些金融商品我和 Dewi 都嘗試過，說真的，如果沒有親自參與投資，根本不會知道我們最喜歡的是「股票」，而且是真真實實持有公司股份。當然嘗試的過程中難免會在路上摔一跤，最近我們就因為加密貨幣再度摔了一跤。

我們的加密貨幣輸錢了

這是我們親身經歷的真實案例，也發生在世界各個角落，特別是在日本、韓國、新加坡等已開發國家，那就是 2022

年 11 月月底，全球第二大加密貨幣交易所 FTX 倒閉。就在我們的泰國旅行途中，打開新聞和各大社群平台就看到「FTX 加密貨幣交易所宣布用戶無法將資金從交易所取回」，接著過沒幾天 FTX 宣布破產，FTX 用戶因此遭遇無預警的損失。

這真是個壞消息，從比特幣、以太幣的虧損一直到 FTX 的破產，接連造成我們不少虧損，雖然和其他眾多用戶比起來損失金額不算多，總共不到總資產的 4％，但畢竟失去的是白花花的銀子，也多少影響了旅遊的心情，一直想著那些輸掉的錢如果成為下一趟旅遊基金不是很好嗎……

2022 年各種加密貨幣暴跌、全球第二大加密貨幣交易所倒閉……又有誰能預料到這些事呢？

金融商品本質都是中性的

你是否常聽到：「加密貨幣這種高風險商品，為什麼還要去碰？」「選擇權風險超級高欸，一不小心就賠掉上千萬……」「股票漲跌這麼可怕，不要隨便投資啦！」但奇

妙的是，你會發現每一項金融商品都有人參與投資，也都有一群人認為風險很高，而且老是在說投資很危險的人，他們眼中每個金融商品都是高風險。當然實際狀況並非如此，怎麼說呢？

就拿股票當例子，為什麼總是有一群人說股票很危險呢？真相是這些人不了解股票，而一群不了解股票的人買了體質很差的公司，最後股票下市又能怪誰？難道是因為股票很危險嗎？我想你現在應該知道答案了，如果股票真的很危險，世界上怎麼還會有這麼多人因為股票致富呢？

同理，如果 ETF、權證、選擇權、加密貨幣、合約交易、房地產等任何一項金融商品都是超危險又高風險，它們早該消失在這地球上，因為沒有任何受益者，但偏偏事實並非如此。

每一項金融商品的本質都是中性的，沒有絕對安全，也沒有絕對危險。千萬不要聽到別人說危險就不敢碰，如果對它不夠了解，可以先花一點點錢投資，在過程中盡可能學習相關知識。這個世界上沒有一個金融商品是適合所有人

的，換句話說，自己適合什麼必須親自嘗試才會知道。

選擇投資一項金融商品就像買房一樣，物件很多，有的房子很美，地點也好，但是很貴；有的房子普通，地點也普普，但是價格非常完美。「沒有十全十美的房子，只有最適合你的房子」，找投資商品也一樣，「沒有十全十美的金融商品，只有適合你的金融商品」。

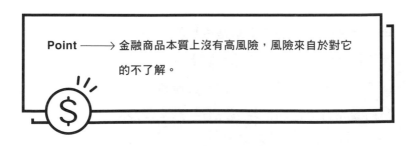

Point ──→ 金融商品本質上沒有高風險，風險來自於對它的不了解。

第一步永遠是最難的

LESSON ㉚

這本書提了這麼多投資觀念，但在投資理財領域，我其實曾是個超級無敵菜雞。

回想起我念高中的時候，我爸一直要我認識股票的基本規則，常提到三大法人、投信、買賣超等專有名詞，讓我在心裡對股票築起一道高牆，再加上很多長輩不斷強調股票容易賠很慘，所以股市對我而言就變成了不需要學也不必理解的存在。

跨出學習的第一步

考上研究所後因為騰出不少時間，我想學點未來用得到的知識，買了一本股票技術分析書。一開始熱度滿滿啊，一拿到書立刻拆封閱讀，但讀了 10 分鐘就備感挫折，這書比大學原文書還難，我連最簡單的 K 線都看不懂……

直到進入科技公司上班，身旁同事都在討論股票，我也逐漸意識到人不可能工作一輩子，而「學會投資」似乎是人生必備技能，所以再度面對我曾經放棄過的股票。這次我從網路文章著手，雖然還是看得頭昏眼花，但和上次不同的是，我實際到證券商開戶也買賣了股票，過程中雖然賠了點錢，仍然持續上網學習，對股市逐漸有熟悉的感覺。

如果你也是從零開始學習股票，可能會遇到一些問題：這些內容散落在龐大的網路世界，花了大把時間卻只學到一丁點概念，或是無法循序漸進地學習，還不會分析一間公司的獲利能力，就先碰極困難的總體經濟，就像基礎小學的加減法都還沒學會，就越級學習大學一年級的微積分。

這些狀況都是很正常的。我那段從零開始學臺股的日子，每個資料都像霧裡看花，但這只是過程，就像每一個學騎腳踏車的人，有誰不跌倒的呢？

沒有 0 到 1，哪來的 1 到 99

學投資理財和學騎腳踏車很像，「起步」的學習門檻永遠

是最高的。

以學游泳為例，閉氣和換氣對初學者而言是很高的學習門檻，我也曾在學習過程中一直被水嗆到好幾次，但是教練一直鼓勵我們，撐過閉氣和換氣後要學任何游泳姿勢都會非常輕鬆快速。果真如教練所說，當我跨過了起步的門檻，學蛙式和自由式各別只花一個月，但以前光是學閉氣和換氣就花了整整兩個暑假。

閉氣和換氣就像是「從 0 到 1」，這一步永遠是最困難、最令人卻步的，因為人通常對自己沒做過的事情抱持恐懼，然而一旦跨越了，後面不管學什麼都會很快上手。如果沒有起步的「從 0 到 1」，哪來後面的「從 1 到 99」呢？相信自己可以，你就真的學得會！

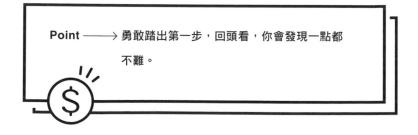

Point ──→ 勇敢踏出第一步，回頭看，你會發現一點都不難。

Chapter. 4

Foresight Investing

成 為 有 遠 見 的 投 資 家

臺股面前跌了一大跤，我們才遇見美股

LESSON ㉛

你踏入投資領域的契機是什麼呢？出社會工作後，我和 Dewi 在想未來如果要買間漂亮的大房子，肯定先要有一筆頭期款，然而現今銀行定存利息低到不行，存個 100 萬每年只能拿 1 萬的利息，那要何時才能湊滿頭期款呢？而且以我們當時在竹科的薪水來估算，至少要工作 25 ～ 30 年才能繳完房貸，這才讓我們意識到應該嘗試「投資」，用錢賺錢。

那時身邊同事時不時就聊到「臺灣股市」，還說靠投資臺股賺了好幾萬。沒有投資任何一檔股票的我心裡開始心癢癢的：「假如買到 ××× 這檔飆股我就財務自由了，哪還需要上班啊！」於是我們開始上網看新聞、YouTube、部落格、論壇，看看網友買什麼股票賺錢，也想跟著買；遇到有在投資的人就問：「你買哪一檔股票有賺錢？推薦一下啊，我也要買！」因此養成一個很不好的習慣：**無法**

獨立思考。

我們先從各大新聞看最近什麼概念股正夯,再從中挑選一兩檔來買,因為對選股沒什麼概念,老是買一些似懂非懂的科技股,比如明明不懂封裝半導體,但以為說得出是哪間公司的業務就以為自己很了解;甚至沒有資產配置的概念,帳戶裡有多少現金就買多少錢的股票,幻想著靠股票發大財。

一開始我們好像遇上傳說中的「新手運」,幾乎買什麼都賺錢,那時隨便買的大魯閣(1432)、宏捷科(8086),一兩天就賺進 2,000 元,我們開始沾沾自喜,以為自己很有買賣股票的潛力。

但是好景不常,新手運很快就用完了,我們接連買的各種股票都賠錢,甚至變成別人口中的「反指標」。之後我們還去學了臺灣加權指數選擇權、股票權證,但無論學什麼,依舊是買什麼賠什麼,前前後後就賠了十幾萬,這筆數字對上班族來說真是不小的打擊,因為 2、3 個月的工資就這樣沒了……

故事到這裡，絕大多數人的劇本走向是「從此離開股市，股市是騙人的，不值得放錢進去」，正當我們也如此想的時候，眼前冒出美股課程廣告，我心想：「如果投資股票真的不能賺錢，難道全世界的人都是白痴嗎？是不是我們還沒掌握什麼關鍵？要不要請專業的人來教教我們？」於是抱持著半信半疑、再給自己一次機會的心態參加了美股課程。

在此之前我一直以為美股很難，不知從哪來的刻板印象：「臺股都投資不好了，幹麼花時間接觸美股？」「投資美股至少要有個幾百萬吧？哪來那麼多錢？」「生活在臺灣，投資臺股都覺得難了，更何況我沒去過美國，美股應該難到爆炸吧？」

但沒想到認識美股後令我大開眼界，從小陪伴我們長大的麥當勞（MCD）、可口可樂（KO）、星巴克咖啡（SBUX），還有近幾年不斷出現在生活中的 Google（GOOG）、Facebook（META）、Apple（AAPL）都是可以投資的美股。這些公司你肯定認識，但如果我不說它們其實可以投資，過了 10 年可口可樂在你眼裡依舊是飲

料，而不是一間值得投資的美國企業。

與美股的相見恨晚，有時讓我很氣自己因為一時的刻板印象而排斥接觸它，不然早在好幾年前就參與到美國經濟成長了。當然現在認識都不算晚啦，只是站在複利需要時間累積的角度上，總覺得自己好像損失掉不少時間……

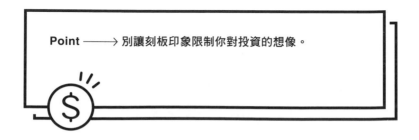

Point ──→ 別讓刻板印象限制你對投資的想像。

為什麼我們建議你一定要認識美股？

LESSON ㉜

美股有太多太多公司產品是你在日常生活中會用到的，包括前面提到的可口可樂（KO）、麥當勞（MCD）、星巴克（SBUX）、Google（GOOG、GOOGL）、Apple（AAPL），還有肯德基（YUM）、百事可樂（PEP）、好市多（COST）、高露潔牙膏（CL）、VISA 信用卡（V）、微軟（MSFT）等等，相信光是說出這些公司名字，你就略懂它們八成以上的業務了，所以誰說美股比臺股還難呢？

美股你懂更多，何必執著在工程師也不懂的臺灣科技股

如果你買過臺股，應該知道科技股占了很大比例。通常科技股就是科學園區裡的上市公司，比如台積電、鴻海、聯電、南茂、聯發科、友達，但說真的，就算你說得出這些公司名字，也不見得了解那些公司到底是靠什麼在賺錢。

假如你今天想投資聯電，可以在網路上找到相關資料，知道聯電是做「晶圓代工」的，但查完後你會呈現「我好像知道些什麼，但又好像不是很清楚」的狀態，因為你不曾親眼看過晶圓長什麼樣子。以此類推，臺灣很多電子代工廠的產品比如手機晶片、電腦晶片也是如此。但是如果我問你可口可樂、麥當勞長什麼樣子，你應該會直接說：「廢話，我當然知道啊！」

投資股票最可怕的是完全不知道自己在買什麼，就像巴菲特說的：「風險來自於你不知道自己在做什麼。」所以其實你知道自己正暴露在臺灣科技股的風險之中嗎？

不買概念股，直接買品牌

新聞時常報導：「○○公司、××公司接到蘋果大單，『蘋概股』下半年度業績看漲」，此時就會有不少腦波弱的投資人受到新聞的影響跑去買蘋概股。確實，一些科技公司接到蘋果的大單可以讓公司未來業績成長，也可能順勢帶動股價上漲，但這麼多的蘋概股是不是讓你看得頭昏眼花？

以前我待的公司就有在做蘋果的音樂相關晶片，Dewi 的公司則有在做 Apple Watch 熱感應晶片，所以常聽到很多公司都有機會是蘋果相關產業鏈，換句話說能當蘋概股的公司很多，各公司業務也十分複雜，有做鏡頭的、有做晶片的，也有做藍牙耳機的⋯⋯說真的，研究這麼多蘋概股，不如好好研究一檔蘋果公司的股票，投資起來不但輕鬆，投資報酬率也更高。

美股股息不只穩定，還會愈發愈多

我們通常會追求「穩定發股息」的股票，例如臺股的金融股或中華電（2412），以存股來說是個不錯又穩定的被動收入。然而在美股的世界，其實可以找到非常多條件更好的股票，不但是穩定大企業，每年發的股息還一年比一年多，換句話說，如果你把美股當作存股標的，你的被動收入就是每年成長，這正是股息成長的威力！

就拿我們都容易理解的可口可樂當例子，可口可樂直到現在擁有連續 60 年以上股息成長的輝煌紀錄。當你選到一家股息不斷成長的公司，等於把資產投入在一隻金雞母

上，它會每年幫你加薪，所以說，美股的股息成長股你喜不喜歡？我自己是非常愛啦！

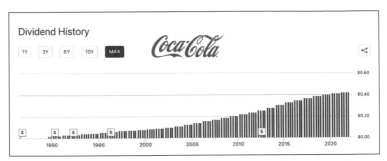

▶ 圖中每一根柱狀是一季的股息，這 60 年間，可口可樂每年配發的股息仍不斷變多中（圖片來源：seeking alpha）

拋開人性，「股息再投資」帶你自動複利

「股息再投資」（DRIP）是美股券商的一項功能，系統會自動將你領到的股息買入該股票。如下頁的圖所示，假設你帳戶中的星巴克（SBUX）在這一季可以領到 0.5 美元的股息收入，非美國籍需要預扣 30％的股息稅（W-8BEN），扣完是 0.35 美元，「股息再投資」功能會自動用這筆 0.35 美元的股息再買入這檔股票，最少可以投資到小數點第三位的股數。

日期/時間 ▲	說明	金額
11/26/2021 13:22:37	QUALIFIED DIVIDEND (SBUX)	0.50
11/26/2021 13:22:37	W-8 WITHHOLDING (SBUX)	-0.15
11/26/2021 13:51:40	Bought 0.003 SBUX @ 109.9846	-0.35

▶ 海外券商會清楚標示你收到的股息，扣除 W-8 股息後再拿去
　買原本的股票

我知道你現在在想什麼，你一定想把股息握在手中，等待
股市下跌再買更多對不對？我告訴你，我不會這麼做，因
為我們往往猜不到股市的最低點，反而會讓手上的股息錯
失投資機會。所以我非常喜歡「股息再投資」功能，它的
最大好處是拋開人性的貪婪，以被動的方式產生複利，而
且省去非常多看股價的時間，多出的時間能用來研究更多
好股票，或是拿來享受人生也很好呀！

美股投資門檻沒有你想像中的高

在臺股，買賣一張股票需要 1,000 股，所以我曾經以為美
股也是如此。打開看盤軟體，放眼望去都是上百美元的
股票，我就天真地給它乘上 1,000，這樣算一算，買賣美
股至少需要 20 萬美元以上，我還以為至少要有個新臺幣

600～700 萬才能參與美國股市……

這是初學者非常常見的錯誤觀念。在美股的世界，一張
股票是 100 股，並不是 1,000 股，而且最大優點是可以 1
股 1 股做交易，不但交易量龐大，很多券商還有零手續費
服務。

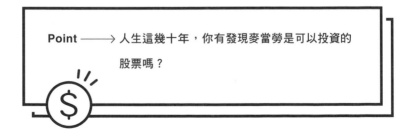

Point ──→ 人生這幾十年，你有發現麥當勞是可以投資的
股票嗎？

若是這些因素導致你不投資，真的很可惜

LESSON ㉝

儘管投資理財資訊很普及，我們在各平台分享美股知識時仍然不時聽到很多人遲遲沒有踏出第一步，尤其是美股。如果你正卡在以下五個理由，相信都能獲得解決，因為這並不是真正困擾你的問題：

1. 身邊沒有人投資美股

即使身邊同事朋友都在買臺股，那又何妨？有句話說「人多的地方不要去」，投資領域也是一樣，當世界各地不分職業、年齡、財力，所有人都在買賣美股，反倒才該小心，因為這可能是泡沫經濟的前兆。就像 1990 年代日本股市和房市泡沫、2008 年全球性次貸危機，一堆人盲目衝進某個金融市場就容易導致經濟泡沫現象。所以現在你應該為自己感到高興才對，因為你比別人更早接觸美國股市，這是個很好的機會。

有個理論叫「五人平均值理論」（Average of Five），意思是你最常接觸的五個人平均起來就是你自己。相信在不久的將來，你絕對會找到志同道合的朋友，而且是很會投資美股的夥伴。

2. 現在不是投資的好時機

無論你看到這本書的時候，是經濟蕭條的熊市還是股市突飛猛進的牛市，市場狀況都不是決定投資與否的理由，為什麼？原因很簡單，股市本身的特性是股價時時刻刻上漲或下跌，沒有人可以準確預測股市的最低點，換句話說進入股市 100％會遇到下跌，絕對沒有人能一帆風順看著股票一路猛漲上去。

即使你看到股市近期跌了一大段，感覺不是個好時機，那我想反問你：「萬一現在才是非常好的進場時機，不進去不是很可惜嗎？」同理，假設股市漲了一大段，我又會反問你：「萬一這才是最差的進場時機呢？」

進場時機確實會稍微影響短期投資報酬率，但重點是「有

沒有持續在這個市場」，如果一不小心做了錯誤的投資決策，就算以再好的時機進場都沒用。所以趕快行動，並且讓自己持續在市場中吧！

3. 30%股息稅太多了

我們以臺灣人的身分投資美股，就是屬於「外國人」，依照美國稅法規定，外國人的股息收入中有30％會被直接扣除拿去繳給美國政府，所以每次領到的股息會是各家公司公布的70％。無論你是透過券商自動的股息再投資，還是自己手動再購買股票，這30％的稅都是逃不了的。這就是所謂人生永遠有兩件事無法逃避，一個是「死亡」，一個是「稅」。

當然以結果而言沒有人會想主動繳稅，假設今天有兩個人：A需要繳稅，B則完全不用繳稅，想必大家都會選擇成為B這樣的人。但是讓我們再多知道一點資訊：A因為投資獲得大筆股息收入，一年繳了新臺幣數十萬元以上的稅，B則因為收入普通而完全免稅，這時你會如何選擇呢？想必答案已經不同了吧！

我知道你會覺得 30％很重，其實投資臺股也需要繳稅，每個國家投資賺錢都必須繳稅，那麼繳的稅愈多，不就代表收入和投資上的獲利也愈多嗎？當今天你可以繳稅，應該要感到開心，代表你在投資上賺了不少錢；相反的，如果在股市賠了很多錢，所以不用繳任何稅，我想這肯定不是你想要的對吧？所以乖乖繳稅吧！

仔細想想，繳很多稅的人通常有著不錯的生活品質，這些生活品質當然不是建立在逃稅、鑽漏洞，而是賺得非常多。縱使繳稅會減少一點現金，但稅後可利用的金錢絕對比完全不用繳稅的人來得多，並且過著高品質的生活，這才是你期望成為的人吧！未來若看到要繳很多稅反而要感到開心，代表你離財務自由不遠了。

4. 還沒存到足夠的錢

你認為投資美股的金額門檻有多高？是不是覺得自己存的錢還不夠投資呢？存的錢夠不夠其實是偽議題。因為將同個問題放到不同人身上，你會發現每個人的起步金額都不一樣，有的是 10,000 美元，有的是 80,000 美元，也有人

　　　　　　　慢富：慢慢成為富一代，快快過上自由生活

從 2,000 美元就開始了，所以還沒存到足夠的錢不是不投資的理由。

假設從零資產開始，工作了幾個月再有效運用節流，應該能存下一些錢了吧？這些儲蓄就是你的起步資金，即使一開始的資金不多，但不是問題，因為未來你肯定會持續存更多錢，也會投入更多錢在股市中。我和 Dewi 剛出社會時也只拿得出 5 位數新臺幣來投資，後來才持續將投資金額愈滾愈大。

「還沒存到足夠的錢」只是表面的問題，不投資美股的真正原因或許是這一節提到的其他四個。當你跨出內心的門檻，投資只是個開始，因為投資過程中會不斷賺錢、存錢、再投資，形成正向循環。所以趕快找到真正原因，然後解決它吧！

5. 錢放在美國有點危險

投資美股必須將美金電匯到美國券商，透過美國券商下單美股，所以錢其實是在海外的。

如果你在意美國券商的安全性，大可不必擔心，美國券商的規模和使用人數遠遠超過臺灣券商，知名的德美利證券（TD Ameritrade）、第一證券（Firstrade Securities）、嘉信證券（Charles Schwab）都是美國金融業監管局（FINRA）和證券投資人保護公司（SIPC）成員，如果非常不幸你使用的券商倒閉了，每位客戶最高可得到 50 萬美元的保護金。所以，美金放在美國券商裡是非常安全的，放心將錢電匯到美國，開始投資吧！

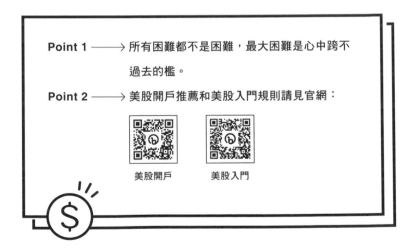

Point 1 ——→ 所有困難都不是困難，最大困難是心中跨不過去的檻。

Point 2 ——→ 美股開戶推薦和美股入門規則請見官網：

美股開戶　　美股入門

只靠技術分析找飆股，卻加速遠離財務自由？

START

了解美股的基本概念後就要進到股市了，你打算如何在這場金錢遊戲中勝出呢？相信很多人都想過：「只要找到幾檔飆股，低買高賣，操作個一兩次就能財務自由了！」事實上，這是個難以達成的夢。

先說說什麼是飆股，如同你想的，飆股的特性是股價能在短時間內成長數倍至數十倍，而所謂的短時間通常不超過3個月，甚至可能只有幾天到一週。那麼一般人都怎麼找飆股呢？不外乎就是問朋友、找內線，不然就是自己靠技術分析找到進出場時間。

我想前面兩招你應該都試過了，不是朋友帶你進場後忘了帶你出場，不然就是自以為聽到的是第一手內線消息，實際上卻是經過上百手的舊消息。既然問朋友、找內線都不管用，那靠自己學技術分析總可以了吧？畢竟隔壁同事總

是三不五時炫耀自己靠技術分析買到一檔飆股，短短幾天就賺了好幾萬……

忽略公司基本面

「短短幾天就賺了好幾萬」，這種飛快的賺錢速度應該讓很多人忍不住想跑去問對方到底是怎麼辦到的。不瞞你說，我還真的問過，那些用飆股賺錢的同事都一致回答：「用技術分析看上週進場，然後今天出掉就賺好幾萬了。」光是用想的就很吸引人，短短幾天賺好幾萬，一個月不就幾十萬，長期下來是不是直接離職不用工作了呢？

我和 Dewi 因此跑去學技術分析，包括 MACD、KD、均線、布林通道、RSI 等技術指標全部學了一遍，單靠技術分析買賣飆股，初期還真讓我們賺了不少。但你應該猜到了，這不是常態，畢竟技術分析不能 100％預判所有股市走向，再加上我們找到的並非每一檔都是飆股，更多的是財務體質很差的公司。

結果一整個月忙下來淨獲利接近零，甚至倒賠十幾萬，比

完全不投資還要慘。後來股市知識愈來愈充足後，我們才意識到之前忽略了極為重要的「公司基本面」。

提到投資股票，你腦中浮現的是又綠又紅的 K 線圖和技術分析畫面，還是每天做生意的麥當勞、星巴克？很多人對投資股票的印象就是技術分析、K 線走勢圖，完全忘記股票背後是一間「真實企業」。

▶ 大多數人心中認為的股票世界就如左邊的技術分析和股價圖，但真實的股票背後是實實在在的實體企業（左圖來源：tradingview）

既然股票背後是一間真實企業，就必須考量這間企業的賺錢能力，而賺錢能力會衍生出很多基本面指標，例如

每股盈餘（EPS）、自由現金流（FCF）、股東權益報酬率（ROE）、本益比（PE ratio）等等，這些對股市新手來說就像國小生看高中數學，沒有人教就不會想去理解。而忽略公司基本面的選股方式不僅找不到真正的飆股，反倒會找到財務體質很差的公司，結果帳戶的錢愈來愈少。

累積鑽石，清掉賠錢的垃圾

一個錯誤還不至於讓你遠離財務自由，但如果一次犯下兩個錯誤呢？

單靠技術分析找飆股確實不是個好的投資行為，但還不是最嚴重的錯誤。當你今天買到一間獲利能力不好的公司，若後續做了適當處理把股票賣掉倒沒什麼問題，最怕的是在股價不斷下跌的過程中捨不得賣，捨不得把「未實現損益」變成「已實現損益」，心裡期望著「等到它漲回買進價位就可以解套了」，久而久之累積了一堆下跌超過 90％的股票，這正是加速遠離財務自由的主因。

所以我們該做的是在證券戶中累積足夠的「鑽石」，而且

是閃閃發光又會賺錢的鑽石，如果真的不小心投資誤判，必須把垃圾清走，已經賠錢、財務體質不好的股票就該清掉，不要讓它留著持續造成虧損。

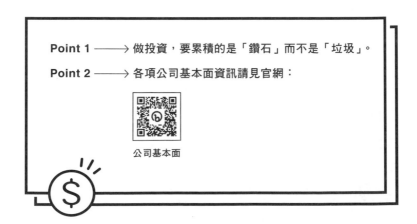

Point 1 ──→ 做投資，要累積的是「鑽石」而不是「垃圾」。

Point 2 ──→ 各項公司基本面資訊請見官網：

公司基本面

專精一個好策略：價值投資

LESSON ㉟

你或許聽過有個投資技巧叫「波段操作」，是指在一段區間內將股票低買高賣，透過賺取價差獲利。還有一種投資策略是「價值投資」，它需要非常大的耐心，買進一檔股票前必須耐心等待，短一點可能是明天，長一點可能需要好幾年。

找到物超所值的商品

價值投資來自班傑明・葛拉漢（Benjamin Graham）的著作《智慧型股票投資人》（*The Intelligent Investor*）、《證券分析》（*Security Analysis*），書中提出：「每間公司都有自己的內在價值，當公司的股票價格和內在價值出現較大差異時，股價就可能過高或過低。」聰明的你肯定知道當股價低於內在價值就是便宜買進的好時機，也一定會想問：「買便宜一點我也知道，但什麼是內在價值？」

舉個簡單的例子，如果你很常坐飛機去日本旅遊或出差，你會知道平均一趟「臺北—東京」的傳統航空經濟艙機票價位落在 14,000～16,000 元，這就是你認定這個來回航程機票的「價值」。當然在櫻花季或暑假期間會比較貴，但如果在淡季，相同航程的機票「價格」可能是 11,000～12,000 元，低於你所認定的價值，這個售價對你而言就是划算的。

在這個例子中，公司的內在價值就是你心中認定的機票價值，而公司的股票價格就是機票市場上的售價，會因淡旺季而忽高忽低。

估算公司內在價值的方法有很多種，每間公司也可能要使用不同的估價方法，更何況之所以稱作估價就代表沒有 100％ 正確的算法，也沒有人可以 100％ 估算出一間公司的股票現在值多少錢。為了避免買到價格過高的股票，可以使用「安全邊際」（margin of safety）來輔助購買，也就是當股票的**「價格」（Market Price）**低於公司的**「內在價值」（Intrinsic Value）**時（如下頁圖中 underpriced 的位置）再出手買入。

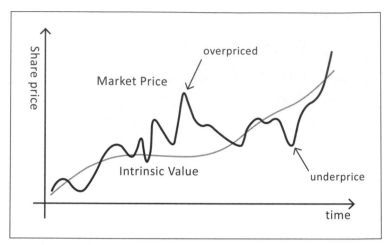

▶ 價值投資就是等待股票價格到了比公司內在價值低的位置
（underpriced 的位置），而這個區域稱作安全邊際

假設安全邊際的範圍抓在公司內在價值的─20％，應用
在生活案例裡，就像是每一次你去超市看到貨架上的牛奶
賣 100 元，但某一天你發現相同容量和風味的牛奶售價
已經到達安全邊際，特價 70 元，你就會感到「物超所值」
並且立刻購入。

耐心等待

總結一下價值投資的做法，首先必須估算公司的內在價

值，估算方法在慢活夫妻官網或各大財經網站都有介紹，舉凡本益比（PE ratio）、殖利率（Dividend yield）、本淨比（PB ratio）等等，網路資源非常很多，只要你有國小程度的數學能力，絕對是小事。抓好安全邊際後，就等到股價相對便宜時買進。方法絕對難不倒你，最難的是必須「耐心等待」。

假設 A 公司的內在價值是 100 元，這個數字很多人都能計算出來，也知道購買 A 公司股票要等到 100 元以下，甚至等到 80 元以下會更好。但是算出內在價值之前，A 公司或許是略高的 150 元，也或許是貴得不合理的 400 元，與此同時，周遭還會出現許多雜訊，時不時干擾著投資者的決策，有時是身邊的朋友，有時是新聞媒體：「現在不買以後漲上去就買不到了」、「這是最後一次進場的機會，明年絕對不會再有這麼便宜的價格」，很多人就在最後一關被擊倒。

缺乏耐心會導致買到價格比內在價值高的 A 公司股票，狀況好一點是獲利大減，但還是賺到一點錢，狀況不好的則是用過高的價格買進，不僅未來很難賺到錢，遇到股市

修正時還會面臨極大的虧損。

我覺得耐心等待是被訓練出來的，就像我國小的時候很難安靜坐在位置上聽完一堂課，總是不由自主地和旁邊同學嬉鬧聊天，所以一天到晚被班導師罰寫課文，被罰幾次就知道上課時間必須耐住性子安靜聽課。股市的世界也一樣，我和 Dewi 也不是天生就對股市很有耐心，一開始很容易被雜訊干擾、等到失去耐心，經過多年歷練，面對股市才成長了不少。沒有之前的缺乏耐心，怎麼會有後面的耐心等待呢？畢竟「世間所有的美好，都值得等待」。

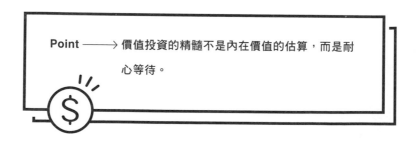

Point ──→ 價值投資的精髓不是內在價值的估算，而是耐心等待。

投資績效最強的散戶：家庭主婦

LESSON ㊱

投資美股要能賺錢，除了用價值投資買在低於內在價值的
位置外，還有一個重要因素——選股。

當然如果你投資的是大盤 ETF，像是美國的標普 500
（SPY），或是臺灣的加權指數（0050）等等，這些被動
式基金是把一籃筐的股票全部納入，幫投資人做足了風險
分散，所以不用特別去選股。但可想而知，這樣的投資表
現算是普通水準，不會到很棒，因為好與不好的公司全部
一起買進。

相反的，如果你有能力自己篩選股票，投資表現固然有很
大機會會比大盤 ETF 來得好。如果你對股市有很大的興
趣、願意花較多的時間研究，非常建議你嘗試主動選股，
培養出把大盤 ETF 中比較不好的公司篩選出來的能力，
找到一等一的好公司。

找到能力圈和興趣圈的股票

該如何從上萬檔美股中篩選出值得投資的好股票呢？巴菲特說：「從能力圈和有興趣的公司開始。」

我曾經是半導體工程師，「半導體產業、半導體設備商」就是我的能力圈，我清楚知道半導體領域在做什麼、賺什麼錢，研究該領域股票時也較容易上手，自然有動力可以持續找到一間值得投資的好公司。

相反的，像製藥公司就完全不是我的能力圈和興趣圈，我人生中唯一會接觸到藥品就只有生病的時候，即使我知道某些大型製藥公司的名字，但也僅止於聽過而已，實際上它們在賣什麼藥品我並不清楚，也無法進一步分析公司。

看到這裡，你或許認為自己的能力圈和興趣圈不大，沒辦法找到一些值得投資的好公司，但真的是這樣嗎？先別小看自己，這世界上有一群很厲害的散戶，可以向他們學習選股方式，他們就是「家庭主婦」。這裡其實不是字面上的意思，而是指一群「很會過生活的人」。那為什麼說很

會過生活的人很會選股呢？

從你的生活周遭來觀察，如果某項商品和品牌經常出現在你的生活圈，那肯定是個熱賣商品，不然就是極度知名的品牌。好比說現在人手一支智慧型手機，而美國蘋果公司的 iPhone 不僅是熱賣商品，也是個超有名品牌，不用分析財務報表就可以想像它必定是間超賺錢的公司，果不其然從股價圖來看，確實在 2008 年金融海嘯過後股價一路飆升到現在。

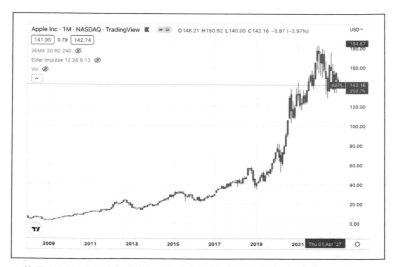

▶ 蘋果公司（AAPL）股價一路從金融海嘯飆升到現在
（圖片來源：tradingview）

所以說，選股難嗎？不難！我們會開玩笑說地表最會選股的散戶是家庭主婦，但實際上只要你「夠會生活」就會選股，因為你知道消費者都把錢花在哪裡，這就是你的能力圈和興趣圈。

股價大跌 50%還會想繼續買

家庭主婦之所以稱為投資界最強散戶還有另一個原因，就是股價大跌 50％仍然勇敢買進。要做到這點真的不容易，首先必須擁有非常強大的「信念」。

信念是什麼？信念是即使今天所有新聞媒體、親朋好友一致說某某公司即將下市，你依然對自己選出的股票極度有信心，不但理解這樣的下跌只是暫時的，還知道現在是個物超所值的好機會，也就是「股價低於內在價值」的大好機會。如此強大的信念會讓你在股價便宜時不會恐慌性賣出，當別人拋售時你反而敢大舉買進，這就是對股票的最大信念。

對一間公司的信念有多深，取決於對它的了解有多足夠。

以前我對麥當勞這間公司的看法可能和你差不多，就認為它只是個普通的速食店。直到我去過不同國家，看到世界各地鬧區都有麥當勞，而且生意非常好。如此觀察下來，我了解到麥當勞是個非常巨型的國際企業，心中對它的信念也提升了，即使股價大跌 50％我都敢買進，因為我知道世界各國的麥當勞仍然會持續賣薯條、賣漢堡，不斷賺錢下去。

多去超市晃晃，多出國走走，享受生活會讓你看到很多值得投資的好標的。

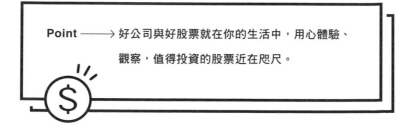

Point ──→ 好公司與好股票就在你的生活中，用心體驗、觀察，值得投資的股票近在咫尺。

最輕鬆的被動收入：股息

LESSON ㊲

我們都希望人生進到晚年不必辛苦工作，過著悠哉的退休
生活，所以這時需要的就不只是被動收入，最好是「最輕
鬆的被動收入」。廣義來說，聯盟行銷、數位廣告收入、
房屋出租、線上課程都算是被動收入，但需要時間和人力
去維護，所以仍屬於工作的一種，只是稍微輕鬆的工作。

那麼狹義來說，銀行利息和股票股息就算是真正的被動收
入，因為時間一到銀行就會自動給你利息，公司也會自動
配發股息給你。銀行利息就不用說了，你一定有存摺，也
知道如何設定定存，但畢竟它還是會敗給通貨膨脹，所以
我們把焦點放在可以打敗通膨的「股息」（dividend）。

會變大的退休金

我和 Dewi 真的很喜歡股息，因為它是個非常真實的被動

收入，不僅好處相當多，也是一種很棒的退休金。先說說好處，這裡鎖定美股。美國公司配發股息的方式大多是季配息，也就是每 3 個月（一季）發放一次，就像是每一季都能領到獎金的感覺，這種分散式收入能提升賺錢頻率和快樂感。

此外，持續賺錢的美國公司通常會挑戰股息連年成長的紀錄，也樂於發放更多股息給股東，除了象徵公司發展得不錯，也有照顧股東的形象。那身為股東需要做什麼事嗎？不用，只要繼續持有該公司股票，每到固定時間就會收到優渥的股息。

所以持續持有獲利能力好的公司股票非常重要。例如可口可樂（KO）這間公司，從下頁的圖可以看到 2012～2021年平均股息成長高達 6.1％。換句話說，一旦你持續持有可口可樂的股票，可口可樂每年會為你的退休金負責，而且平均每年提高 6.1％。能有這種「自己會變大」的退休金，誰會不喜歡呢？

小提醒：股息成長％數依照未來公司的營運狀況調整，並非長期無變化的數值。

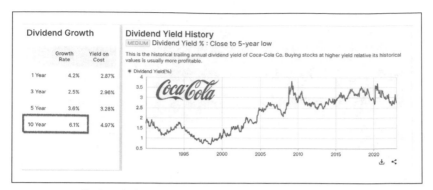

▶ 可口可樂（KO）在 2012~2021 年平均股息成長高達 6.1%
（圖片來源：www.gurufocus.com）

慢慢成為大股東

當然，一點點股息並不足以成為退休金。依照公司規定，
每 1 股會配發一定數量的股息，想領到較多股息收入肯定
要持有更多股票股數。也就是要從「奈米級股東」往「微
米級股東」發展，領到的股息金額才比較可觀。

投資前期還是奈米級股東時，每次領到的股息金額不高，
換算成臺幣或許才幾千元，前陣子一位粉絲才私訊問道：
「我的本金很少，只能買幾股，請問我能投資美股嗎？」
現在能投入的本金少，領的股息低，不代表一輩子就是如

此，但如果什麼都不做，50 年後仍然是奈米級股東。

再換個角度想，如果領股息的目的是「改善生活品質」，而不是馬上累積到一筆退休金呢？以改善生活品質為目標並持續努力下去，也許今年只多出 10 萬元的娛樂費用，但因為持續持有好公司股票、累積股數與股息，明年就變成 20 萬也說不定，如此一來每年出國旅遊一趟就變成了兩趟，不是挺棒的嗎？

這個模式不斷持續下去，你會發現每年股息愈領愈多，除了生活品質獲得改善，也換了一份時間更彈性的工作，甚至在不知不覺中，這些不斷變大的股息被動收入變成退休金，而你也不再是個奈米級股東，厲害的話，或許會成為持有某公司將近 1% 股份的大股東了。

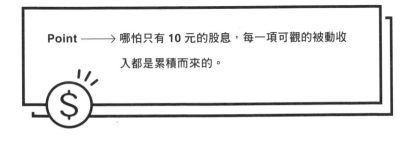

Point ⟶ 哪怕只有 10 元的股息，每一項可觀的被動收入都是累積而來的。

要賺的不只是 10%，而是 10 倍

LESSON ㊳

說到用股票賺錢，以前常聽同事或朋友說會做所謂的波段操作，比如用 10 萬元買進一張股票，過了 3、5 天漲了 10％就立刻賣出，總共賺 1 萬元。一個月多賺 1 萬，對一般班族而言確實是個不錯的額外收入。

當然波段操作並不是完全不能用，而是這種持有股票時間很少超過 1 年的短期操作給人短視近利的感覺，我不認為是「真正的投資」，就如巴菲特說的：「如果你不願意持有一檔股票 10 年之久，最好連 10 分鐘也不要持有。」

那什麼才是真正的投資？真正的投資需要花時間陪著公司一起成長，持有股票的時間最好超過 10 年以上。而在持有過程中，股價可能出現巨幅波動，但是如果你很有「遠見」，好公司的股票絕對可以讓你不只賺 10％，而是賺 10 倍以上。

成為有遠見的人

「波動」是金融市場與生俱來的特性，特別是在股票的世界，每一檔股票永遠不會缺少波動，就算是臺灣目前最大國際型企業台積電也一樣。只要出現訂單滿載、獲得大單等好消息，股價就會在短時間上升很多；相反的，只要有地緣政治、大客戶砍單等壞消息，股價就容易在短時間下跌許多。這些短時間因為消息反映出的股價就是波動。

只要在交易時間，股價都是呈現上上下下，就算你能預測未來 10 年股價會翻 5 倍，但在翻 5 倍的路上，股價不會依照你所想的一路向上，而是隨著波動每天忽高忽低，說誇張一點真的是在坐雲霄飛車。實際上我們無法預測未來，根本不知道未來股價的終點在哪，所以短視近利成為一般人的習慣，也是投資賺不到大錢的根本原因。

如果還不理解真正的投資，人往往會出現同樣行為：遇到股市下跌就趕緊賣出手上股票，把錢拿回來至少有種心安的感覺。那上漲呢？總該讓子彈飛一下了吧？因為深怕煮熟的鴨子要飛了，小賺 10％就急著賣掉。總之，賺 10％

就落袋為安，跌 10％就快速贖回。無論上漲或下跌，大多數人在股市中是極度缺乏耐心的，所以一般人手上很難有獲利超過 100％以上的股票。

這個問題我想了很久，也看了很多巴菲特的書，得到的答案是「**遠見**」兩個字。

雖然我們無法預測未來，但是我們可以多了解各公司的運作和商業模式。先以下頁圖巴菲特的公司波克夏・海瑟威（Berkshire Hathaway）為例，如果持股時間夠長，並忽略其中波動，你就是位有遠見的投資人，會獲得不錯的投資回報；然而若短視近利只在意框框內的漲幅，那麼公司未來股價漲再多也與你無關。

再以台積電為例，你會發現從 2000 年到現在，股價成長數字不只 20％，而是 1,400％，換算成倍數是 14 倍。想要獲得 14 倍報酬，就必須將台積電股票好好握在手上 20 多年，這 20 年間會出現無數的好消息與壞消息，若你能站在未來看現在，不為波動所動，圖的不是蠅頭小利，而是 20 年後的股價，就是所謂的有遠見。

▶ 巴菲特的公司波克夏‧海瑟威（Berkshire Hathaway）
（圖片來源：TradingView）

投資是一輩子的事

很多人買賣股票，似乎只是一直在和股市波動打交道，像
小孩嬉鬧一樣，沒有專注在投資的本質。真正的投資除了
前面章節講的公司基本面、價值投資、找能力圈與興趣圈
的股票之外，還要理解「一間公司的股價長期會和獲利能
力成正比」。如果一間公司幾十年下來獲利愈來愈多，忽
略短期波動，其長期股價絕對是隨著獲利成長而增加。

我和 Dewi 也有開公司,雖然不是上市等級的股份有限公司,但成為經營者後才深刻體悟一間公司要成長沒這麼快,這牽扯到生產流程、人事溝通、產品銷售,發展單位是以「年」計算,絕對不是幾個月幾天的事情。所以當我們身為投資者,想從股票上獲得好幾倍的報酬,持有股票的時間就必須以「年」計算,短一點或許 10 年,長一點可能多達 30 年。

巴菲特持有 4 億股可口可樂的股票距今已經超過 30 年,現在獲得的報酬不但超過 20～30 倍之多,每年還能領到源源不絕的股息被動收入,而且逐年增多。你說「真正的投資」是不是年限很長,甚至是一輩子的事呢?

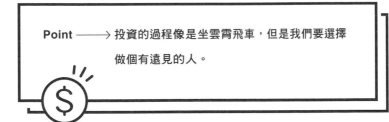

Point ──→ 投資的過程像是坐雲霄飛車,但是我們要選擇做個有遠見的人。

股市贏家的致勝因素：耐心

LESSON ㊴

這本書讀到現在，你或許在想：「為什麼沒有教我怎麼操作，也沒有教我怎麼看財報數據？」當然，步驟式教學在慢活夫妻官網和網路資源已經有很多相關內容，如果認真學，一兩週就能完全搞定，但心法卻要花上好幾年才能領悟。所以這本書希望告訴你更寶貴的心態與觀念，即使某些一時之間無法參透，但每過一段時間再回來翻閱，同樣觀念，絕對會讓你在不同時期有著不同領悟。

就像巴菲特說的：「如果你不能承受股價下跌 50％，那麼你就不適合做股票投資。」這句話我也是看了很多遍，思考很多次，才慢慢領悟真正意義。然而有人會自信滿滿：「下跌 50％ 算什麼，我就再加碼啊！」甚至誇口說：「等金融海嘯來就是大舉買進的時候！」但是從結果來看，這些人一旦遇到股價下跌 50％ 或金融海嘯都會做出一模一樣的舉動，就是恐慌性拋售股票。

一起和波浪共舞

在股票的世界，股價起起落落，波動是金融市場與生俱來的特性，而且是難以消除的特性。既然沒辦法消除波動，那該如何面對波動呢？

不知道你有沒有坐飛機出國的經驗，在飛機上從高空往下看海平面的每一艘船和郵輪，你會覺得船和郵輪在劇烈晃動嗎？恐怕要近距離看才知道。從很遠的地方望向海面，每一艘船和郵輪都是平穩地漂浮在海上，但實際上它們是跟著劇烈的波浪一起共舞著，只是因為你處的位置夠高，肉眼看不出來。

同樣概念運用到股市，當你把維度拉得很遠，以「年」的單位來看待股市，你會發現很多股票的股價都是穩穩往上爬，而不是每天劇烈晃動，因為是你從高空看股價，看不到起起伏伏的波動。投資、持有股票就像坐在船上，每一天新聞媒體、手機 App、股票網站都拚命向你傳遞股票相關訊息，很難直接忽略這些大大小小的波浪，所以我們該怎麼辦？唯一能做的就是拉高維度欣賞波浪，並且和這

些波浪共舞！

試著把自己放到未來的位置，從未來看現在，就像是把自己從船上放到空中的飛機，你就會清楚看到這艘船（股票）往哪個方向移動，如果方向對了，那就沒必要去理會船邊的大大小小波浪，而是讓船跟著波浪一起共舞，抵達目的地才是最重要的。

培養耐心

巴菲特說過：「股市這種東西，會把錢從沒耐心的人手上，轉移到有耐心的人手中。」這句話非常有深度，我不敢說自己已經 100％領悟其中道理，但至少比起以前的自己，我現在懂的更多了。

先說說在股市中缺乏耐心會怎麼樣。你會容易因為股市產生 20％的波動就急於拋售股票，就算小賺收場，也會喪失後面大賺的機會。我覺得培養耐心是學習投資這條路上最艱深難懂的事，因為這不是一門科學，也沒有所謂的捷徑，就算請到再厲害的大學教授、會計師都無法直接套用

數學公式算出結果。

無論是前面章節提到的價值投資，還是這節的與波動共舞，都非常需要耐心，而且必須靠自己去體驗和領悟，即使看再多相關文章，如果沒有實際進入股票的世界，恐怕很難領會真正的耐心究竟是什麼，有點像「讀萬卷書，行萬里路」，實際走過了，印象與領悟才會深刻。

所以，開完美股戶頭、做足財報分析的功課後就直接進入股市吧！先買一檔你最有信心的股票，如果沒有喜歡的個股可以從大盤 ETF 開始。買入後，你會變得每天不由自主將目光放在股價上，第一次投資通常都會如此，但是沒關係，我們可以練習「培養耐心」，試著有意識地控制自己隔兩天才看股價，接著訓練自己隔三天看一次，以此類推，最後隔一週才看一次。

訓練的時候要學會轉移注意力，有的人會把時間拿去規畫旅遊，有的人會選擇充實自己，而這段轉移注意力的過程其實就是與波動共舞，**你持續持有的股票跟著市場價格起起伏伏，但你始終坐在這艘船上沒有離開，這就是培養耐**

心最簡單的方式。

一定要記得巴菲特說的：「股市這種東西，會把錢從沒耐心的人手上，轉移到有耐心的人手中。」只要你比別人夠有耐心，將別人之前緊握在手的股權買下，未來財富就會隨之而來。

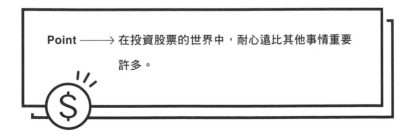

Point ⎯⎯→ 在投資股票的世界中，耐心遠比其他事情重要
　　　　　　許多。

相信這個世界持續在進步

LESSON ④

你覺得這個世界有不斷在進步嗎？人類的生活有愈過愈好嗎？

不知道你有沒有讀過《真確》（*FACTFULNESS*）這本書，書裡提到很多關於這個世界正在進步的數據。以減少的壞事來說，空難死亡人數、飢餓人口、兒童死亡率都是不斷在下降；而以增加的好事來看，科學論文數、識字率、網路覆蓋率、供電覆蓋率、疫苗接種比例都是不斷在增加。

再以比較近期的 COVID-19 疫情為例，雖然一開始爆發時確實引起不少人的恐慌，但隨著時間過去，在人們的不斷努力與疫苗的施打下，疫情逐漸好轉並且往好的方向發展。所以不管你怎麼想，客觀事實就是「這個世界持續在進步」。

當個樂觀者

這個世界的改變帶來不少便利性，但也由於我們太習慣也太依賴生活的便利，以致不覺得世界持續在進步。

現代人要開車去到某個景點，肯定是拿起手機用 Google 導航，再照著導航的路線行駛，花不了多少時間就能抵達目的地。某天我在韓國綜藝節目上看到，製作人要求主持群不能使用導航，只能看紙本地圖或透過路人指引的方式到達目的地，讓我回想起在智慧型手機和 Google 還不普及的年代，要去一個地方前必須事先做足功課，不管是和人討論路線，或是自己記錄好該在哪裡往哪個方向開，都比現在要花上好幾倍的時間。

回到過去智慧型手機和社群軟體不普及的年代，想要聯絡人除了打電話就是傳簡訊，在發送任何一封手機簡訊前都會再三確認內容，因為一封簡訊就是一筆錢，也不知道什麼時候才會收到對方的回訊。然而隨著 Facebook、LINE、Instagram 的誕生，時時刻刻都可以透過免費的社群軟體快速找到想聯絡的人，使得人與人之間有著更緊

密的連結。

從 Google 導航帶來的便利、Facebook 讓人有更緊密的連結、Visa 增加跨國消費的流通性，一直到輝瑞疫苗帶給人類對病毒的抵抗力，以及許許多多這個地球上正在進步的事情，都是靠著不同「企業」對世界的努力！

儘管偶爾會從新聞媒體看到「經濟蕭條、經濟衰退、金融海嘯將至」等聳動標題，引發我們對世界的看法是悲觀的，或許在某些時刻經濟衰退是事實，但是站在長遠角度，每一次的經濟衰退只是短暫的，長久以來人類的經濟是在進步的，人類所建立的「企業」不斷解決了人類所面臨的問題。

我覺得有一句話說得很好：「能在股市中賺錢的人，往往都是樂觀的人。」樂觀的人相信企業會一一解決世界上的問題，所以始終持有這些企業的股票，從來不會因為短暫的經濟衰退就出脫持股。當企業一一解決世界上的問題後，這個世界的經濟就會變好，許多公司股價也會變高，而這些樂觀的人的資產也隨之增加了。

想從股票市場中賺錢，必須當個樂觀者，必須和企業站在同一條陣線，持續為這個世界做出好的改變。

資本主義下的機會

在以前的時代，「出生」通常決定了一個人一輩子的經濟狀況，家中若有個富爸爸，就會生出富二代、富三代；但是如果家境貧困，要改變狀況恐怕不是那麼容易。

那現在呢？我們有非常大的機會可以改變自己的命運，**因為在資本主義面前人人平等**，每個人都有購買股權的機會，每個人都可以投入資本到股市中。

當你買入股權，就和各大企業老闆、董事們站在同一陣線，等於間接當老闆，因為每間企業真正的老闆手上也握有股權，差別只在於企業老闆握有的股權（股份）多，所以必須直接為企業負責、替企業做決策。而你持有的股權（股份）不像真正的老闆這麼多，不但不必直接對公司負責，還可以享有相同福利，當企業賺錢時，手上的股票就會替你用錢賺錢、放大資產。

如果你只有一項正職收入，不想冒風險創業，也不想經營副業，你可以買下大企業的股權，把自己的身分拉到和企業大咖們相同的位置，成為一位股東和間接的老闆，並且對這個世界持續抱持樂觀的態度，10 年、20 年過去，你手上不斷變多的股份會替你改變命運，你不再是個普通人，是一位富一代。

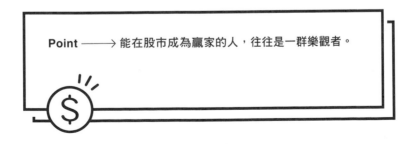

Point ──→ 能在股市成為贏家的人，往往是一群樂觀者。

Chapter. 5

Live Slowly

在 現 今 步 調 快 的 社 會 ，
你 更 需 要 慢 下 來 ！

社會競爭讓你凡事都想求快

LESSON ④

在現代社會，什麼事都講求「快、快、快」，網購希望以最快速度拿到貨、交通工具選擇速度快的高鐵、坐飛機搭直飛班機、老闆交代專案最愛問最快什麼時候有結果。這些日常的「速食文化」也間接改變人對金錢的渴望，內心的小惡魔盼望著一夕致富、買的股票下一秒暴漲……

很多人的生活彷彿像個 24 小時不停運轉的機器人，每一天都過得像在打仗，連睡覺做個美夢都覺得奢侈，深怕如果今天慢下來、少工作 1 小時，成就會被別人超前。在這個講求成長、效率、進步的社會，慢下來到底有什麼好處？

漫無目的只求快速買到房

「先買房才能結婚。」
「30 歲早該有一棟屬於自己的房子！」

「工作 5 年不是通常會有自己的車嗎？」

老實說這些社會框架還真不知是怎麼來的，可能是社會的集體意識，導致很多人出現比較心態：「哇～這個人 25 歲碩士畢業一年就買房了欸！」「哇～好羨慕他這麼早有房子，這樣就可以早點結婚了！」於是開始腦補，如果要和別人一樣厲害，是不是應該每天少睡一點、多做幾份副業，盡可能在最短時間買下人生第一間房子，然後如期結婚，成為人生勝利組。

曾經有幾位 20 多歲的粉絲來問我們：「結婚前一定要先買房嗎？」除了表面的問題外，從表達方式不難看出他們想追求「快速」，否則就不會來問這種答案很顯然是「不一定」的問題了。

買房和結婚本來就是平行線上的兩件事情，卻不知何時被綑綁在一起。買房不結婚倒還好，但結婚不買房就很容易被拿來比較，如果在人多的場合聊到這個話題更是如此，導致很多人為了達到社會期待，拚了命都要在結婚前買房子，就是想比別人更快速、更有成就。

還記不記得第三章講的，財務自由的第一旅程是「盤點個人資產與負債」，這回我們將這個觀念套用在買房這件事上，你會發現一個盲點：某某人早早買了一棟房子，但其資產與負債狀況不明。換句話說，就算再早買房子又怎樣，你確定不是長輩幫他付頭期款嗎？你確定你的股票資產比他的頭期款少嗎？你確定釐清完資產與負債後，他的淨資產比你多嗎？說不定你還比較厲害呢！

當然不是要你真的去做比較，而是想告訴你人生的目標不是只有買房子。現在整個社會正在高速運轉著，每個人很容易忘記自己已經擁有什麼，只注意自己缺少了什麼，特別是高房價的現在，愈是買不起房子就愈會讓人想擁有一間房子。但如果只是滿足社會期待，不如放慢腳步回頭看看自己擁有什麼，才不會陷入漫無目的「賺錢—還房貸—賺錢—還房貸—賺錢」的無限循環中。

回頭看自己「已經擁有」什麼

回顧你的人生，第一顆恆齒出現、青春期後身高抽高、和異性交往……這些事都急不得，時間到了自然會完成。買

股票也是如此，硬是急著進場買入，買進價格很可能是公司內在價值的好幾倍，一點都不划算。或許買房也一樣，不見得愈早買就愈好，每個人適合買房的年齡與買房意願都不同，不必強迫自己做不喜歡也不擅長的事。

當你的注意力不是放在自己「缺少」什麼的時候，就會放慢腳步，恍然大悟發現：「原來我已經擁有這麼多了，生活品質好，每天生活又開心，那之前我到底在忙什麼？」我和 Dewi 前陣子就去了一趟泰國旅遊，刻意讓自己休息，才能放慢腳步回顧自己已經擁有了什麼，當然投資理財的資產不可少，我們還討論到這幾年在財商思維與家庭關係上的進步。

建議你找時間放個假，出國走走、露營、踏青都好，遠離網路資訊一陣子，把腳步放慢，想想自己「已經擁有」了什麼，你會發現你不必跟著其他人盲目求快。

Point ——→ 現代社會讓人變得凡事都想求快，但很多事急

不得，快不一定是好事。

$

不盲目追求金錢

LESSON ㊷

生活從頭到尾都與錢有關，食衣住行育樂每一項都需要用到錢，但是你想過金錢是什麼嗎？

金錢如果以實體的紙鈔或硬幣出現在你眼前，至少是個摸得到的東西，但如果出現在銀行，特別是以數字呈現，你覺得銀行帳戶的存款是什麼？不就跟計算機上的數字差不多嗎？如果將銀行存款中的 7 位數和計算機上的 7 位數並排，並且只露出數字，還真沒辦法區分哪個才是有價值的銀行存款。

所以重點來了，金錢還是有特別的地方。當你不需要用到錢，銀行存款就只是一串數字；當你要購買商品或服務，這些數字便會瞬間發揮出金錢價值，這就是金錢的功能。

追求金錢請放慢腳步

當人特別重視某項東西，就會一直去追求它。如果缺少好看的衣服、屬於自己的房子、出國旅遊的經驗，就會拚命地追求以滿足心裡的慾望。而追逐這些東西都需要「金錢」，所以很多人漸漸開始追求金錢，因為錢可以買到想要的東西。當然，追求金錢本身不是壞事，但太急於追求金錢就絕對不是好事了。

快速追求金錢的故事還真不少。以前我在竹科的同事 A 因為想快速改善生活品質，透過朋友介紹得知可以投資古董，於是拿出一些本金參與投資，雖然拿到了看似古董的東西，但是經過鑑定後才知道根本不值錢，也找不到當初賣古董的朋友，硬生生被騙了 50 萬。

再來是同事 B 的例子。同事 B 想買竹科附近重劃區的新成屋，為了快速賺到頭期款，除了每天努力工作和加班外，還聽信其他同事報的股票明牌，拿出 20 萬買下該股票，結局你應該猜到了，因為太急於賺到錢，投資知識不足，心態也不健全，最終只得拋售賠錢的股票，不但沒有

更快存到頭期款，反而離目標更遠了。

講這些故事不是叫你別投資，而是想提醒你，在追求金錢的過程中仍不忘原本的目標，並且「慢慢」往目標前進。累積財富就像是蓋房子，必須一磚一瓦地堆砌，蓋好第一層才能蓋第二層，如果沒有慢慢堆砌上去，你的財富就像是結構不完整的房子，非常容易倒塌。

同理，急於追求金錢就像是倉促地蓋摩天大樓。樓層愈高的建築，地基必須愈穩固，不是蓋愈快就愈好。起頭一定是從地下室打地基開始，幾個月後比地面高，接著一層一層往上蓋起來，如此一來大樓才會是堅固的，絕對沒有今天蓋一棟摩天大樓，明天就能迅速完成這種事。致富就像是在蓋摩天大樓，絕對不可能「快速致富」。

每個人追求金錢的目標都不同，有人為了提升生活品質，有人為了賺到頭期款，但追求的過程一定要「慢」下來，穩紮穩打是絕對必要的。**愈是急於追求金錢，金錢反而會離你愈遠**，最後讓你喪失賺錢的動力，甚至不知道究竟是為了什麼而努力工作。

學習如何花錢

「存錢」和「花錢」在字面上是反義詞,不過從追求金錢的角度來看,我覺得學會如何花錢也很重要,因為學會花錢才會知道存錢的意義。

你是不是在想:「花錢需要學嗎?不是只要會買東西就好?」當然沒這麼簡單。如果一個人很會賺錢也很會存錢,但不知道賺錢和存錢的目的,錢就只是銀行存款中的一串數字,不去使用它就不具任何意義,所以重點在於如何將金錢花得有意義、有價值。

試著找回原本賺錢的目的,然後將錢花在對你有價值的地方。一般人認為金錢的價值可能是「買一間屬於自己的房子」,但我相信買房之餘肯定還有其他價值,像我和Dewi 覺得把錢花在旅遊上很有價值,不但能放鬆,還可以實地走訪各國增廣見聞,旅遊對我們來說就是很棒的賺錢目的和意義。千萬不要凡事節省到極致,盲目把帳戶金額衝大,一定要拿出一點存款做適當花費,最簡單的方式是提高生活水平,或是和我們一樣抓出年收入的 5～10％

出國旅遊。

資本主義的世界和股市一樣，比的是誰活得久，不是比誰賺得快。想活得久就必須適當花費，旅遊散心、提升生活水平、吃得健康一點都是有意義的花費，否則一味地賺錢和存錢，錢對你來說一點意義都沒有，而且會是個無底洞，就像是在喝海水，只會愈喝愈渴，賺到千萬覺得不夠，想繼續賺到上億。

錢永遠不會有賺夠的一天，就算老了累積非常多存款，但一輩子都用不到的存款只是一串無意義的數字，所以從今天開始就去學如何適當花錢吧！

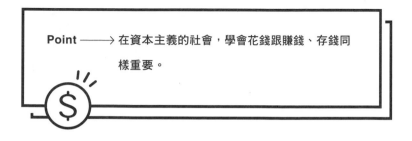

Point ──→ 在資本主義的社會，學會花錢跟賺錢、存錢同樣重要。

財務自由和你想的不一樣

很多人對於財務自由的想像是:「有非常多資產和被動收入,不必再為每個月的薪水煩惱,提早離開職場過著退休生活」對吧?畢竟工作了幾十年,每天過著朝九晚五的生活,時間都獻給工作了,很不容易也很辛苦,於是「退休」成了多數人的目標,也因此「退休」和「財務自由」開始有了連結,很多人都朝著財務自由努力,希望趕快享受悠閒的退休生活。

什麼是財務自由?

從廣義的面向來評估財務自由,就是達成「被動收入>主動收入」。假設一個人月薪 5 萬元就可以過著很舒適的生活,當他的被動收入每月超過 5 萬元或每年總額超過 60 萬,就會被認定為財務自由,因為達到這個狀態就可以靠被動收入持續過著好日子。

那狹義的財務自由呢？也有人說是「財務豐饒」，就是真正的「錢多到用不完」。很難具體敘述所謂的財務豐饒到底是擁有多少錢，但能確定的是，這樣的人的資產絕對不是你想像的新臺幣 8～9 位數而已，他們不僅完全沒有經濟壓力，扣掉所有生活開支、應付費用、大額捐款後，剩下的資產還能持續變大，這就是狹義的財務自由，或稱為財務豐饒。

我們先不管狹義的財務自由，因為世界上能達到這種成就的沒幾人，可能就是《富比世》排行榜的前幾位首富，所以來談談廣義的財務自由吧！你是否發現一個盲點：假設一個已經達成廣義財務自由的人今天購入了房地產，購買房地產當然要繳房貸，他因此產生了負債，那這樣還算是財務自由嗎？還是再度遠離財務自由呢？財務自由的定義到底是什麼？

其實財務自由的關鍵不是你所想的提早過退休生活，而是能否用龐大資產打造穩定的現金流系統，不必再為錢煩惱。當然已經財務自由的人，手上確實有著比別人更多的現金和資產可以使用，但這不等於從此退休不再工作，而

是對於工作有更多選擇。或許不必朝九晚五進公司上班，但依然從事著某項工作，而且肯定是自己熱愛的事，也許是創業，也許只是個平凡的工作。

所以說，財務自由和退休真的是絕對關係嗎？如果觀察那些已經達到財務自由的人，會發現他們通常不會選擇退休。假設一個人在 35 歲就財務自由並且退休，時間對他來說真的太多了，也許剛退休的前幾個月可以好好休息、完成心中的夢想，但時間久了真的會很無趣，反而失去生活重心和人生目標。

你可能會說「可以環遊世界啊」，沒錯，環遊世界是很多人在財務自由後想去實踐的事，但不知道你有沒有連續出國很多天的經驗？或許在日常工作之餘來個五天四夜的旅遊是件不錯的事，但連續好幾個月都叫你在國外玩，玩久了也會膩啊！所以，財務自由並不是整天待在家或遊山玩水，不做任何正事。

那麼真正財務自由的人過著什麼樣的生活呢？因為他們已經打造出穩定的現金流系統，在乎的自然不是日常開銷這

類事情，而是希望對社會有所貢獻。

貢獻方法有很多，有人選擇創業來改變社會，也有人選擇去社福機構當志工來回饋社會。不論方式為何，你會發現他們依然「持續工作」而不是退休，差別在於對工作有更多「選擇性」，而且選擇依據會提升至心靈層面，例如熱不熱愛這份工作、能不能得到成就感等，而不是遷就於薪資高低強迫自己做著不喜歡的工作。

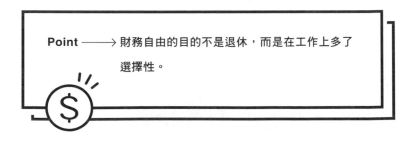

Point ⟶ 財務自由的目的不是退休，而是在工作上多了選擇性。

你想要的其實是財富自由

LESSON ㊹

很多人的夢想都是快速達成財務自由，總之就是趕快讓資產增多，只要擁有更多的金錢可以使用，之後想幹麼就能幹麼。但你是否曾經靜下來好好思考一個問題：你要的究竟是「財務自由」還是「財富自由」？你可能會想：「什麼？財務自由不是跟財富自由一樣嗎？我的夢想就是想要有用不完的錢啊！」

若以經濟學的角度解釋，經濟學中的「財富」是將一個人的所有資產量化，並且以數字的形式呈現，例如這棟不動產值 2,000 萬，而有了數字就能做出比較，譬如我的 5,000 萬不動產比你的 2,000 萬不動產更有價值。確實從經濟學的觀點來看，「財務自由」和「財富自由」的概念非常類似，大致上都是指一個人具有非常龐大的資產和金錢，可以有更多的選擇。但是，真正的財富自由並不是你想的這樣。

財富不是錢

如果想獲得更多財富，必須先了解財富是什麼。從經濟學來看，財富確實會讓人直接聯想到錢，但「財富並不是金錢」，而是一種概念，凡是你想要的東西都可以叫「財富」，從具體的食物、電子產品、車子、房子、旅行，再到抽象的時間、健康、關係都稱為財富，換句話說，你可能擁有很多財富，但是沒有半毛錢。

舉一些極端的例子，假如你穿越過去回到任何一個朝代當皇帝，住在金碧輝煌的宮殿，每餐都有人送上山珍海味，衣服也不用自己洗，要什麼有什麼，但或許你會極度渴望有一支 iPhone 和網路。再轉換一下場景，如果你空間轉移來到撒哈拉沙漠，放眼望去黃沙滾滾，什麼都沒有，此時你最渴望的應該是水資源和食物，即使銀行裡有再多存款都不具任何意義。

如果財富是一個人想要東西的總稱，那麼人追求的應該是「財富」而不是金錢才對，但為什麼還是這麼多人只追求錢呢？這必須將歷史拉回到很久以前。

在古老的社會，我們會拿自己種的稻米跟別人交換他養的雞，他也會用雞跟別人換水果，這些以物易物就是財富交換。隨著時間推移，在高度分工的世界愈來愈難找到交換對象，賣毛筆的人不一定能跟果農換到水果，於是有了金錢的產生，通常稱作銀兩，多為白銀這類貴金屬。到了更近代，我們才漸漸將政府所擔保的紙鈔當作交易媒介，而這個媒介就是「金錢」。

也就是說，金錢的背後其實是財富交換的過程，就如上一節提的，如果金錢只出現在銀行存款中而不去使用它，就只是個沒意義的數字。

生活慢下來，找到真正想要的是什麼

所以金錢是你最想要的東西嗎？肯定不是，在金錢的背後你一定有著其他目標和夢想。

金錢在現代社會產生許多好處，不僅讓交易過程變得非常有效率，任何人工作賺錢都能獲得紙鈔，看著銀行帳本數字變多，未來再透過紙鈔或行動支付買下想要的東西。但

是金錢有個唯一壞處——容易讓人忘記它的本質是財富交換，變得盲目追求錢，卻不知要用它來做什麼。

有時在一個環境待久了，容易受到旁人影響，看到別人在做什麼就想跟著做什麼，特別是在職場環境，各個同事拚命衝業績、加班，為的就是賺錢，但是當你問他賺到錢後想做什麼，他可能一時之間回答不出來，因為他忘了錢要用來換成真正想要的財富。

每個人想要的財富不同，有人想要旅遊，有人想要房子，有人只想要有無限多的美食吃一輩子。試著換一個環境想想看，可以的話就買張機票出國走走，邊看看世界各地的自然景觀，邊思考這個問題。

更簡單一點，找個沒有朋友邀約的一天，在可以安靜獨處的地方，盡可能遠離所有 3C 產品，想一下：「如果不需要考慮錢，我一生中最想獲得的財富是什麼？」無須急著找出答案，因為第一個答案通常是假的，真正的答案潛藏在更深層，或許是健康、時間、關係，都有可能，總之絕對不是金錢。

吸引力法則說:「當你真心渴望某件事,整個宇宙都會聯合起來幫助你完成。」只要追求的財富目標夠明確,也有非常大的渴望,你一定可以達成,如果過程中需要用到金錢,金錢也會來幫助你完成,所以勇敢作夢、努力實踐,總有一天你要的財富會出現在你身邊,因為你清楚知道自己要的是「財富自由」。

Point ⟶ 生活慢下來,找到人生最渴望的財富時,金錢只是個媒介。

慢慢找回最基本的財富

LESSON ㊺

前面不斷強調生活一定要慢下來，慢下來才會知道真正想要的財富是什麼，但是生活到底要怎麼慢下來？難道是做事步調很慢嗎？

生活慢下來是指做事「慢得有效率」，也要擁有屬於自己的時間，不要呈現窮忙狀態，也不要因為高薪工作而犧牲生活品質。換句話說，就是在日常生活中尋找工作與生活的平衡，工作時非常有效率地在期限內完成任務，工作之餘留時間給自己和家人，不追求經濟極大化，也不盲目追著錢跑。

每個人真正想追求的財富本來就不是錢，而是食物、車子、房子、旅遊、健康、關係等等，錢只是一個過程。而無論想要的財富為何，都需要「時間」，所以如何從生活中找回時間非常重要。

高薪工作可能讓你失去更多

先從最容易流失時間的「工作」開始講起。一般人找工作的第一考量通常是薪水高低，再來是員工福利，所以很多人會搶著面試高薪工作而不是低薪工作，眼前的錢讓人一窩蜂地想擠進一流企業，獲得每個月的高酬勞。

正在從事長時間工作的你，或許已經思考過一個問題：「這份高薪工作能帶給我什麼？」當年我在竹科的第一份工作每天像是在戰場上，絲毫沒有喘息空間，有時連好好坐下來吃午餐的時間都沒有，那時我也問自己一樣的問題：「這份高薪工作能帶給我什麼？」當下我真的答不出來，不知道自己為了什麼賺錢，為了什麼拚命。

我只知道自己非常缺乏「時間」，雖然年薪比其他同期畢業的同學多，但這種生活我並不快樂，晚上9點下班是常態，也經常輪假日班和小夜班，下班生活只有洗澡睡覺，緊接著又是隔天的工作，幾乎把人生都花在工作上了。有了這份工作體驗，我才清楚知道時間是很寶貴的財富，為了找回時間自由，我放棄在這間公司累積的年資和分紅獎

金，轉換到比較輕鬆的工作。

時間是每個人天生就有的，所以往往無法覺察自己原來擁有這麼好的財富。高薪工作確實很吸引人，但一定要仔細評估這是不是你要的，即使它能讓你短期間賺得比別人多，相對的也會犧牲很多寶貴時間。當你每天只和工作打交道，久而久之就會變成盲目賺錢。

為財富埋下好的種子

時間是每個人與生俱來的財富，每個人每天都有相同的24小時，很妙的是，有的人可以每天享受天生就擁有的財富，甚至利用這份財富獲得其他想追求的財富；相反的，有的人卻沒有好好利用，常為了各種大小事窮忙，不斷消耗它，離真正想追求的財富愈來愈遠。

因此必須先把「時間」找回來。或許你腦中想的是時間管理，將每天時間做有效規畫再按表操課，但這樣反而會更有壓力而慢不下來。我建議「減法思維」。減法思維就是從每天要做的事中直接刪除不重要也不必要的事項，或選

擇花點小錢外包出去。剛開始可能無法覺察哪些是不必要的，畢竟生活已經成了一種習慣，確實很難放手不做或是交給其他人，但為了找回更多時間，一定要嘗試改變，漸漸的你會發現一個人的時間其實非常非常多。

回想一下你最近的日常生活，就算刪除追劇、上網等娛樂活動，生活中肯定還是充斥著大大小小的事，每一件事都需要花時間，包括上班通勤、洗衣服、煮飯、買日用品等等，那該如何從中獲得額外的時間呢？肯定是可以的！

舉例來說，多花一些錢搬到距離公司較近的住處，至少可以減少 1 小時以上的通勤時間；洗衣服不必親自手洗，交給洗衣機就可以了；三餐不一定都自己煮，偶爾外食、叫外送也不錯；日常用品選擇網購也可以省下非常多移動成本。千萬別小看這些替代方法，最多可以讓你一天爭取3、4 小時以上的額外時間。

從工作層面來看，如果你是自己創業，或是公司小主管，很多事情需要經過你的同意，夥伴才會往下執行，雖然你掌控了大部分事情，但最大缺點是完全失去自己的時間。

建議你試著將權力下放，讓夥伴自行處理一些事情，以減少溝通成本，否則當業務和工作量愈來愈大時，不但上班像是在打仗，甚至會吞噬你的下班時間和睡眠時間。

無論生活或工作大小事都可以透過減法或類外包的方法讓自己獲得更多時間，一旦有了時間，才有機會將生活步調調慢，從中找到真正想追求的財富。

讀到這裡你有沒有發現，這本書除了講金錢相關的事，還不斷強調「時間」的重要性，時間就像一顆種子，追求其他財富前必須好好播種。時間不僅是你天生就有的財富，更是你追求其他財富過程中的必要條件，時間足夠，你追求的財富才會成真。

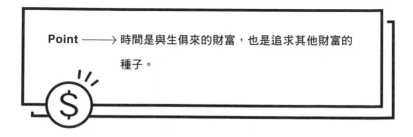

Point ⟶ 時間是與生俱來的財富，也是追求其他財富的種子。

慢慢讓財富的種子發芽茁壯

LESSON ㊻

想要的東西都可以稱作財富，相信你已經認同了吧！而想要的財富又大致分為「不一定需要金錢的財富」與「需要金錢的財富」。時間、關係、愛情、健康屬於前者，而不動產、車子、名錶、電子產品、旅遊通常是後者。

雖然大致上以需不需要金錢來區分，但不管哪一種都有個共通點：每一項財富都必須慢慢累積，更不能為了求快而揠苗助長。

不一定需要金錢的財富

相信某一項財富也會是你的目標之一，就是「健康」。在過去的人生中，我們多少經歷過親屬或自己生重病，包括這幾年流行的新冠疫情，沒有人希望再度湧現不舒服的感受，所以才對健康這項財富有所追求。那追求健康需要多

久呢？相信你心中立刻有答案，沒有人可以瞬間得到健康，健康需要從日常生活開始累積。

如果想追求健康這項財富，從今天開始就要注重飲食，不要為了省小錢而犧牲必要的營養素，也不能為了快速達標而過度攝取某項營養素。雖然我們不是營養專家，但保持充足且均衡的飲食是每天的功課，飲食上的健康需要慢慢累積與調整，想快絕對會出問題。

同理，如果透過運動來追求健康，你也知道運動是急不得的。如果你有非常長一段時間沒運動，突然叫你百米全力衝刺兩次，或是連續做大肌群的重量訓練，結束後你應該會反胃想吐，甚至有眼冒金星的暈眩感，這通常是運動過度。如果平時沒有運動習慣，某一天突然想靠運動快速取得健康這項財富，過度運動反而會造成運動傷害。

需要金錢的財富

你是不是正在想：「可是我想要的財富就是錢啊！買車、買房、旅遊不是都需要錢嗎？」

沒錯，追求這些東西確實需要金錢當作後盾，沒有足夠的錢很難達成。但是我想告訴你，人類最想追求的通常是基本生存需求，例如食物、時間、健康、愛情，反而不動產、車子、旅遊是排在後面，金錢的前面應該有很多更值得你去追求的，像是食物自由、時間自由等等。

如果前面的財富差不多都取得了，接下來想追求屬於自己的不動產、車子、旅遊等需要以金錢作為後盾的財富，請記得這本書一直在提的，無論投資或創業都需要時間，當你給它一段時間慢慢成長、茁壯，最後它肯定會給你滿意的回報。這個過程和煮開水一樣，煮開水需要一段時間，過程中急著掀蓋看它沸騰沒，就會愈煮愈久，只要給它一點時間，時間到了，水自然就沸騰了。

對於任何財富都不要太急，只要慢慢做、持續做，回過頭來你會發現手上已經握有很多財富。記得，財富是你想追求的，而不是金錢，金錢只是個過程。

Point ⟶ 祝福你找到人生中想追求的財富，別忘了金錢
只是個過程。

結語
Conclusion

From George

我是 George，這本書能誕生必須感謝 Dewi 一開始抓出架構，經過幾次討論，我才慢慢將所有寶貴內容填上。

書裡提到的內容，都是我們兩個人的親身經歷。在這一路上，我們跟著很多前輩學習，過程中經歷了多次成功與失敗，因為這些經驗，我們才領悟出寶貴的財務觀、金錢觀、財富觀、價值觀、人生觀。

以前的我，對於投資理財會很直觀地透過存錢、賺錢、投資這些方法增長自己。但是後來的我，漸漸發現一個人有沒有錢其實跟心態有很大關係，就如同〈富一代首部曲：從「心」出發〉所講的，人的財富觀其實來自於「思維」與「心態」。**當你今天建立起富人思維，時間到了，自然**

會是個有錢人，金錢會自動聚集在你身邊，因為那些是你值得擁有的。

投資理財的基本法則如節流、開源、投資等固然重要，但更重要的是看待金錢的態度。從日常生活就要覺察自己的言語是不是屬於限制性思維，像是「×××太貴買不起」「×××是有錢人在去的地方」，這種話說久了，真的會在不知不覺中把自己活成口中的樣子。總之，心態改變後再慢慢鑽研自己有興趣的投資工具，你會發現如順水推舟般，學什麼都很快，因為你已經具備了「富人思維」。

書裡的很多觀念對你來說或許無法立即改變，畢竟已經深深刻劃在腦中至少 20 年以上，以前我和 Dewi 也曾被一些窮人思維限制住，但只要有心想改變，你會發現人生可以很不一樣。謝謝你把這本書看完，希望這本書的內容能幫助到你，祝福你早日找到屬於自己的財富！

From Dewi

我是 Dewi，這本書是我和 George 討論出架構後，再由

George 一字一句寫出來的，所以很感謝最後能有小小的版面讓我寫一些想法。

首先謝謝你把整本書看到最後。我非常好奇書中哪個概念對你是非常有啟發的？我們希望這本書能帶給讀者不同於世俗價值觀的思考角度，也期望在你人生各階段閱讀這本書時，能有不同的啟發和想法。如果書中某些觀點讓你覺得有點難懂，相信我們，某天當你拾起這本書重新閱讀時，那些曾經難以理解的概念一定會轉為深刻的體會。因為許多事情都需要經過歷練和時間醞釀，不用急，慢下來，這本書會陪伴著你。

很多人羨慕我們過著財富自由的人生，可以自己選擇生活的樣貌，可以不被工作綁住，自由安排旅遊地點和每天的時間。要怎麼達到這樣的生活型態，其實這本書已經給了你答案，這是結集我們多年來的財務觀、金錢觀、財富觀、價值觀、人生觀所完成的一本書，也是分享我們如何從一個普通上班族轉變為過上自由生活的關鍵思維大全。

如果書中某些概念非常衝擊你的現有價值觀，讓你感到不

舒服，那麼恭喜你正在歷經成長過程中必須承受的不適感，這些概念已經在你的心中種下種子，就等待它萌芽的那一天吧！

慢活夫妻 George & Dewi

慢富：慢慢成為富一代，快快過上自由生活

作者	慢活夫妻 George & Dewi
主編	陳子逸
設計	大梨設計
校對	金文蕙

發行人	王榮文
出版發行	遠流出版事業股份有限公司
	104 臺北市中山北路一段 11 號 13 樓
	電話／(02) 2571-0297
	傳真／(02) 2571-0197
	劃撥／0189456-1
著作權顧問	蕭雄淋律師

初版一刷	2023 年 4 月 1 日
初版六刷	2024 年 1 月 24 日
定價	新臺幣 350 元
ISBN	978-626-361-000-2

YLib.com 遠流博識網

www.ylib.com
Email: ylib@ylib.com

國家圖書館出版品預行編目（CIP）資料

慢富：慢慢成為富一代，快快過上自由生活
慢活夫妻 George & Dewi 作
初版；臺北市；遠流出版事業股份有限公司；2023.04
280 面；14.8 × 21 公分
ISBN：978-626-361-000-2（平裝）

1. 理財　2. 投資

563.5　　　　　　　　　　　　112001721